はじめての言語ゲーム

橋爪大三郎

講談社現代新書

2004

Language Game for Beginners
by Daisaburo Hashizume
July 2009　Kodansha Co. Ltd., Tokyo Japan

まえがき

「言語ゲーム」？
初めて聞く、というひともいるかもしれない。
いちおう、説明しよう。
これは、言語を使った「ことばのパズル」みたいなもの、ではない。
なにかの「ゲーム」、でもない。
かならずしも言語を使わなくても、かまわない。
「言語ゲーム」という名前に、あんまりとらわれないように。
これは、哲学者ヴィトゲンシュタインが提案した、あたらしい考え方のこと。
この考え方をマスターすれば、視界がぼんやりしていてちょうど合うメガネをかけたときみたいに、いまの時代が、くっきりした像を結ぶのだ。

*

ヴィトゲンシュタイン——
彼は、なにものか？
いったいなぜ、またどうやって、「言語ゲーム」を考えついたのか？
「言語ゲーム」がわかると、どんなよいことがあるのか？
　そういう嬉しいナゾと答えが、テーマパークのように、ぎっしり詰まっているのが、この本だ。

＊

　ヴィトゲンシュタインについて書かれた本なら、何冊もある。
　この本では、彼がなにを苦しみ悩んだか理解するため、彼が生きた時代背景をていねいに紹介した。関連する重要人物にも、目を配った。
　もうひとつ、この本が焦点をあてたのは、彼がどんな信仰を生きたのか。彼の哲学と、宗教との関係は、これまでじゅうぶん論じられてこなかった。科学技術と、人間が生きる意味（信仰）との関係は、どうなっているのか。この本のかくれた主題である。

＊

　では、さっそく、ヴィトゲンシュタインと、楽しい対話を始めてほしい。そして、彼というすばらしい人間がいたことを、ぜひ、覚えてくださるように。

目次

第1章
ヴィトゲンシュタインのウィーン

クリムトが描いた、ヴィトゲンシュタインの姉ヘルミーネ（左）とマルガレーテ（右）の肖像画

2人の高校生

１９０４年のこと。

２人の若者が、オーストリアのとある工業高校に通っていた。成績のぱっとしない２人の男子生徒が、歴史に名を残すことになろうとは、本人たちも夢にも思わなかったろう。ひとりを、アドルフ・ヒトラー。もうひとりを、ルートヴィヒ・ヴィトゲンシュタインという。

ヒトラーは、それから２９年後の１９３３年、ナチス党首として、首相に就任する。そのあと独裁者となって、１９３９年には第二次世界大戦をひき起し、数百万人のユダヤ人を殺害した。いっぽう、ユダヤ人だったヴィトゲンシュタインは、英国に難を逃れ、１９５１年にその地で一生を終えている。ヒトラーほど有名ではないかもしれないが、彼こそ、２０世紀を代表する哲学者。そして、本書の主人公である。

ルートヴィヒ・ヴィトゲンシュタイン。

波乱と激動の時代を駆け抜けた、このユニークでいっぷう変わった哲学者の、生い立ちを紹介しよう。

芸術の都ウィーン

ルートヴィヒ・ヨーゼフ・ヨハン・ヴィトゲンシュタイン（Ludwig Wittgenstein 1889–1951）は、オーストリアの首都ウィーンの、大金持の家に生まれた。８人きょうだいの末っ子である。

父親のカール・ヴィトゲンシュタインは、オーストリア有数の鉄鋼財閥のオーナー社長で、ウィーンの中心部に大邸宅を構えていた。母親のレオポルディーネは、芸術に理解のある教養豊かな女性で、ブラームスやマーラーといった音楽家がしょっちゅう出入りしていた。また一家は、ロダン、クリムトらの作品をコレクションしていた。要するに、ヴィトゲンシュタイン家は、ウィーンでも指折りのサロンだったのだ。

１１ページの写真をみてほしい。

前列左から２番目の少年が、ルートヴィヒ。おそろいのセーラー服なんか着せられて、まるで『ヴェニスに死す』（トーマス・マン原作。1971年にルキノ・ヴィスコンティ監督が映画化した）みたいだ。

＊

ヨーロッパでは、いい家の子は学校になんか行かない。自宅で、家庭教師について勉強する。

ルートヴィヒも、兄や姉たちと同じように、父カールの厳格な教育方針のもと、ラテン語の先生、数学の先生、英語の先生……といったぐあいに、何人もの家庭教師をあてがわれた。

でもルートヴィヒは、あんまり勉強に興味がわかない。ひとりで、好きな機械いじりに熱中していた。

急に学校へ

ところが、ルートヴィヒが１３歳のとき、長兄ハンスが自殺してしまう。

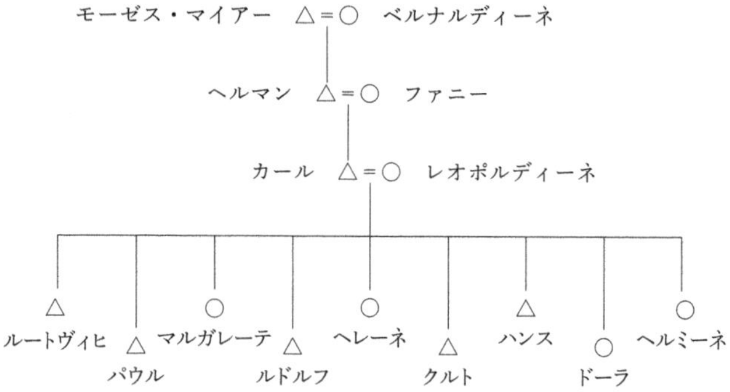

モーゼス・マイアー…ヴィトゲンシュタイン侯爵の執事。のちにヴィトゲンシュタインを名のる。
ベルナルディーネ…旧姓ジーモン。
ヘルマン…プロテスタントに改宗。オーストリアに移住、羊毛商、不動産業で成功を収める。
ファニー…旧姓フィグドール。ウィーンの旧家の出身で、結婚前にプロテスタントに改宗。
カール…11人きょうだいの6番目。アメリカを放浪ののち鉄鋼会社を興して大成功を収める。
レオポルディーネ…父はユダヤの名家、母はオーストリアの地主。半分ユダヤ人でカトリックだった。
ヘルミーネ…絵の才能があり、クリムトの絵のモデルにもなる。
ドーラ…誕生時に死亡。
ハンス…音楽の才能があったが父と対立、1902年に自殺。
クルト…経済界に入るも第一次大戦で部下の命令違反の責任をとり1918年に自殺。
ヘレーネ…医師ザルツァーと結婚。
ルドルフ…1904年に自殺。
マルガレーテ…演劇や哲学を好み、ストロンボー氏と結婚、のち離婚。
パウル…ピアニスト、第一次世界大戦で右腕を失う。

ヴィトゲンシュタイン家の系図

ハンスは、音楽の天才的な才能があった。音楽家になればよかったのだが、父親のカールは許さず、自分の事業を継ぐように命じた。実はカール自身、若いころ親に反抗して家出したことがあるのに、勝手なものだ。

ハンスはたまらず家出して、アメリカに逃れ、その地で命を絶ってしまう。

この事件を反省したのだろう。父親のカールは、子どもの教育方針を変更し、ルートヴィヒとすぐ上の兄のパウルを学校にやることにした。ルートヴィヒは頭は悪くないようだが、成績にムラがある。ギムナジウム（普通高校のこと。大学進学を目的とし、ギリシャ語なども習う）は無理そうだ。で、レヴェルを下げ、リンツの実科学校（工業高校のようなところ）に行かせようということになった。リンツは、オーストリア北部の地方都市である。

地元に住んでいたヒトラーも、たまたま、そこに入学してきたのだ。

ウィーンのヒトラー

学校では、ヴィトゲンシュタインは実際の年齢より１学年上、ヒトラーは１学年下だった。だから、いっしょに在籍したのは１年間だけ。互いに口をきいたという証拠もない。

*

ヒトラーはその後、どうなったか。

勉強が苦手なヒトラーは、実科学校を卒業できずに退学したあと、画家になりたくて、ウィーンでしばらく暮らしている。美術学校をめざして受験したけれども失敗。挫折を味わう。そのあとくすぶっていたが、第一次世界大戦が勃発すると、志願して参戦。西部戦線で伝令兵として、激しい戦闘をくぐり抜け、伍長で敗戦をむかえた。塹壕で毒ガスを吸って、少し後遺症が残ったともいう。その後、ナチス（最初はごく少人数の右翼団体だった）に入党し、巧みな演説でめきめき頭角をあらわしていく。

ナチスは、優秀なドイツ民族が戦争で負けたのは、ユダヤ人のせいだと主張した。画家になりそこなったヒトラーにすれば、「芸術に理解があるウィーンのユダヤ人の金持ち」なんて、これ以上ないくらいしゃくにさわる存在だったに違いない。

*

ヒトラーが青春の一時期を過ごしたウィーンは、パリと並ぶ、ヨーロッパ文化の中心だった。オーストリア・ハンガリー帝国の首都。さまざまな民族が集まる多民族都市。音楽はもちろん、芸術家や文学者、建築家にジャーナリスト、とにかくいろんな種類の才能あふれる人びとが活躍していた。精神分析の創始者フロイトが開業していたのも、ウィーンである。

ただし、ユダヤ人への差別感情も、どこかに伏流していた。ユダヤ系のヴィトゲンシュタイン家は、オーストリアの上流社会に溶け込むために、芸術文化を積極的に「理解」する必要があったのだ。

１９世紀末から２０世紀の初めにかけて、ウィーンがどんなに華やかにヨーロッパ文化の先端を走っていたかは、たとえば、ジャニク&トゥールミンの『ウィトゲンシュタインのウィーン』に詳しく描かれている。

家柄ゆえの悩み

ヒトラーがウィーンで貧乏な画学生の生活を送っていたころ、ルートヴィヒも、彼なりに苦労していた。

＊

ヴィトゲンシュタイン家は、成り金である。

曾祖父モーゼス・マイアーは、どこかの侯爵家の土地支配人をつとめていて、ヴィトゲンシュタインという姓をはじめて名のったという。その子ヘルマンは、毛皮貿易で成功し、ウィーンに移って来た。（ヘルマンは、侯爵家の隠し子だから、ユダヤ人ではないという言い伝えがあるが、ニュルンベルク法（後述）をくぐり抜けるための作り話らしい。）ヘルマンは、ユダヤ社会と関係を断ち切るため、子供たちにユダヤ人との結婚を禁じる。でも、カールだけは、ユダヤ系（実はハーフ）のレオポルディーネと結婚した。だから、その子供のルートヴィヒは、3/4（スリー・クウォーター）のユダヤ人ということになる。

なおヴィトゲンシュタイン家は、ユダヤ教徒ではなく、カールはプロテスタント、レオポルディーネはカトリック。子供たちはカトリックでしつけられた。

*

父のカールは、若いころ芸術家肌で、祖父ヘルマンに反抗して家を飛び出し、ニューヨークでウェーターなどいろんなアルバイトで喰いつなぎながら、数年を過ごした。でも結局、ウィーンに戻って家業をつぎ、鉄鋼会社を興して大成功する。そして、若いころの反動か、とても権威主義的な父親となった。

そのせいで、息子たちは精神的に不安定になる。長男に続いて、三男のルドルフも、１９０４年に青酸化合物を飲んで自殺してしまう。

父親似のしっかり者だった次男のクルトも、１９１８年に戦場で、上官としての責任をとってピストル自殺。四男のパウルは、ピアニストだったのに戦闘で片腕をなくすなど、不運な兄弟というほかはない。

ちなみにパウルは、片腕を失っても演奏を続け、隻《せき》腕《わん》のピアニストとして有名になった。モーリス・ラヴェルは彼のため、「片手のためのピアノ協奏曲」を作曲している。

*

こんな状態だったから、ルートヴィヒが、自分もそのうち自殺するかもと不安に思ったとしても、無理はないだろう。

自殺しないですむには、誰かに殺されてしまえばいい。第一次世界大戦が始まると、ルートヴィヒがまっ先に志願して戦場におもむいたのも、そして危険な任務を進んで引き受けたのも、自殺への不安と立ち向かうためもあったろうと思う。

自分はなにをやればいい

もうひとつ、ルートヴィヒの悩みは、自分が何に向いているのか、はっきりわからないことだった。

音楽一家に生まれたのに、末っ子の彼は楽器をやらなかった。兄さんたちや姉さんたちは、ピアノを演奏したり絵を描いたり、得意の分野でのびのびやっている。一流の芸術家がしょっちゅう出入りしているし、レヴェルが高い。本当に上手でセンスもよくなければダメ、みたいな雰囲気だったので、ルートヴィヒは気後れしてしまったのだ。

それに子供時代のルートヴィヒは、大人の顔色をうかがって、本心を言えないところがあった。機械いじりは好きだったが、父親のカールが、息子たちに工学を勉強させたがっていることも知っていた。みんなが「ルートヴィヒは工学に向いているね」、と言う。でも、ほんとうに工学がやりたいのか、自分でもよくわからないのだ。

学校になじめない

こんなルートヴィヒの学校生活は、楽しいものではなかった。

同級生は、ふつうの家庭の子供たちだ。ウィーンから金持ちのお坊ちゃんがやってきたゾ。言葉づかいやものの考え方がまるで違う。みんなから浮いている。ルートヴィヒのほうでも、同級生が野蛮にみえてしまう。友達ができるわけがない。孤独を噛みしめる毎日だった。

*

それでもどうにか実科学校を卒業したが、彼の成績（Aをもらったのは宗教だけ）では、ふつうの大学に進学できない。仕方がないので、ベルリンにある工業高専みたいなところに入った。下宿して、2年間通ったが、しっくりこない。そこで、父親の勧めもあり、イギリスにわたって、マンチェスター大学に入ることになった。

ドイツ語を話していたルートヴィヒが、いきなり英語の環境に飛び込むわけである。無茶なようだが、ヴィトゲンシュタイン家は、若いころニューヨークで過ごした父親の方針で、家でもドイツ語と英語のバイリンガルだったというから、この点は助かった。

飛行機か、論理学か

ヴィトゲンシュタインは、飛行機に関心があった。

当時は、飛行機が実用化しかけたところで、航空工学は花形の学問だった。

マンチェスター大学は、自由なのがよかった。航空工学の研究生になったヴィトゲンシュタインは、同級生を気にせず、凧をあげたり、エンジンやプロペラを設計したり、好きなことをしていればよかった。

＊

プロペラの設計をしようとすると、それなりに高度な数学（解析学）が必要になる。そして、当時は、その基礎がまだあやふやだった。

何ごとも徹底しないと気のすまない性格のヴィトゲンシュタインは、いったん勉強しはじめるとどんどんのめりこみ、飛行機よりも数学のほうが面白くなってしまう。そして、数学のそのまた基礎である、数学基礎論や論理学に、熱中していく。

これは、ヴィトゲンシュタインが、初めて自分ひとりでみつけたテーマだった。ほんとうにやりたかったことが、やっと見つかったのかもしれない。そう思うと、早く論理学か哲学の研究室に移りたくて、矢もたてもたまらなくなった。

ラッセルのもとへ

いまから思えば、ヴィトゲンシュタインが、数学の基礎を考えるうち、哲学の道に進んだのは、２０世紀の大事件だった。そして、ラッセルと、運命の出会いをすることになる。

バートランド・ラッセル（Bertrand Russell 1872–1970）は、とても有名なイギリスの哲学者。若いうちに才能を認められ、多くの著書をあらわし、ケンブリッジ大学で哲学を教えていた。進歩派文化人として活発に発言し、ゲイだという評判もあり、後で女性スキャンダルで大学を辞めるなど、にぎやかな人物だ。１９５０

年にはノーベル文学賞も受賞している。ラッセルの話をしていると長くなるのでやめるが、そのころ彼は、ちょうどタイミングよく、数学基礎論の研究をまとめたところだった。

*

ヴィトゲンシュタインがラッセルに会ったのは、言ってみれば、イエス・キリストが洗礼者ヨハネに会ったようなものだ。えっ、この譬《たと》えがわかりにくい？ じゃあ、マンモスがアフリカ象に会ったようなもの、でもいい。

要するに、この二人の運命的な出会いが、ヴィトゲンシュタインを変え、２０世紀の哲学の流れを変えてしまったのである。

*

では、実際、二人の出会いはどのようなものだったか。その話をするには、少し時代をさかのぼって、現代数学がどのような激動にみまわれていたかを、まずざっとみておいたほうがいい。

ヴィトゲンシュタイン略年譜

1889（０歳）４月26日、ウィーンに生まれる。８人きょうだいの末子。

1902（13歳）長兄ハンス自殺。

1903（14歳）リンツの実科学校に入学。

1904（15歳）三兄ルドルフ自殺。

1906（17歳）ベルリンの工業高専に入学。

1908（19歳）マンチェスター大学で航空工学を学ぶ。

1911（22歳）フレーゲ、ラッセルを訪問。

1912（23歳）ラッセルのもとで哲学を研究。

1913（24歳）父カール死去。莫大な遺産を相続する。

1914（25歳）第一次世界大戦勃発。オーストリア軍に志願し従軍する。

1918（29歳）『論理哲学論考』を完成。イタリア軍の捕虜となる。次兄クルト自殺。

1919（30歳）遺産を贈与し、小学校教員となる。

1922（33歳）『論理哲学論考』出版。

1926（37歳）教員をやめウィーンに戻る。ストロンボー邸を建築。

1929（40歳）ケンブリッジ大学に戻る。

1930（41歳）講義を始める。

1934（45歳）『青色本』『茶色本』の原型できる。

1936（47歳）『哲学探究』を書きはじめる。

1938（49歳）イギリス国籍取得。

1939（50歳）ケンブリッジ大学哲学教授に就任。

1941（52歳）ロンドンの病院で働く。

1947（58歳）ケンブリッジ大学哲学教授を辞職。

1951（62歳）４月29日、ガンのため死去。

1953　『哲学探究』出版。

2人の写真

ヒトラーとヴィトゲンシュタインが、並んで写っている写真がある。

オーストラリアの物理学者 Kimberley Cornishという人物が、1998年に、*The Jew of Linz*(リンツのユダヤ人)という本を出した。本の表紙は、右のページの写真。集合写真で、右側上段は見るからにヒトラー少年。その左下にいるのが、ルートヴィヒだという。

この本は、ヒトラーとヴィトゲンシュタインは仲間だったがケンカをし、この事件がヒトラーの「反ユダヤ主義」のひきがねになったとする。そのほか、ヴィトゲンシュタインがソ連のスパイになったとか、いろいろ想像をたくましくしている。まあ、トンデモ本のたぐいだ。

ヒトラーの『我が闘争』には、リンツの実科学校の時代に、ひとりのユダヤ人の生徒と知り合った、という記述がある。でもそれが、ヴィトゲンシュタインだったという証拠はない。学年も違っているし、全校生徒は300人ぐらいだったらしいので、ふつうなら口をきく機会もないだろう。

とは言え、この写真が本物でないと決まったわけではない。Cornish 氏は、コンピュータ処理など科学的な方法を駆使して、ルートヴィヒらしい少年はたしかに本人だと主張している。よくみると、なるほど似ている。

写真が本物だとすれば、撮影は、1903/1904年のことだろう。歴史がまたひとつ、宿題をくれた。

映画『ヴィトゲンシュタイン』

ヴィトゲンシュタインの映画がある。

哲学者が主人公の映画、なんて信じられないでしょう。その名も『ヴィトゲンシュタイン』(アップリンク、デレク・ジャーマン監督、2940円)。1993年に公開され、DVDも発売されている。日英の共同制作で、字幕つき。解説を浅田彰さんが書いています。

なかなかよくできている映画なので、大学で言語ゲームの授業をするときは、いつも上映することにしている。

ちょっと見は、いかにも低予算のB級映画で、とっつきにくい。でも、ヴィトゲンシュタインもバートランド・ラッセルも、そっくりさんが演じているし、なにより台本がなかなかしっかりしている。言語ゲームに関心があって、ちょっぴり予備知識があれば、けっこう楽しめるだろう。第一次世界大戦を挟んだヨーロッパの、クレージーな雰囲気の一端を味わうことができる。

第2章
数学の基礎

中世の授業風景

現代数学の夜明け

１９世紀後半に、集合論（set theory）が登場した。集合論を土台に、それまでばらばらだった、解析学や代数学や幾何学がひとつに融合した。論理学も、そこに加わった。

集合論を築きあげたのは、ドイツのゲオルグ・カントール（Georg Cantor 1845–1918）という数学者だ。彼の集合論とともに、現代数学が始まったと言ってよい。ラッセルの研究も、彼の集合論を踏まえている。
でも、いきなり集合論ではなくて、順番に話していこう。まず、論理学から。

アリストテレスは偉かった

論理学の、聖書にあたる書物は、何と言っても、アリストテレスの『オルガノン』である。

この本がどんなにすごいかと言うと、紀元前4世紀に書かれた本なのに、完全で間違いがなく、2000年あまりにわたって、論理学の教科書として使われ続けてきたことだ。論理学に限らず、こんな本は、ほかに例がないだろう。

アリストテレスの論理学は、古代ギリシャ哲学の、水準の高さをものがたっている。

アリストテレスの論理学は、あんまり完全だったので、ローマ教会もこれを認めないわけにはいかなかった。そこでこれを、キリスト教の信仰とセットにしてスコラ哲学と名づけることにした。（念のために言っておくと、アリストテレスはイエス・キリストよりも前の時代のひとなので、キリスト教となんの関係もない。だから、彼の論理学が、ローマ教会でスコラ哲学に組み込まれてしまったのは、考えると少し変なことなのだ。）

*

それはともかく、アリストテレスの論理学はどんなものかというと、つぎのような特徴をもっている。

1）ふつうの言葉で、命題を組み立てる。（主に名詞と、「〜である」という断定の動詞を使う。なお文にあたるものを、論理学では命題という。）
2）命題には、肯定（〜である）と、否定（〜でない）があると考える。（否定の否定は、肯定である。）
3）命題には、正しいもの（真）と、間違っているもの（偽）があると考える。（言い換えるなら、真とも偽ともつかない文は、扱わないということである。）
4）いくつかの命題を、「そして」「または」などで結びつけて、複合した命題をつくることができる。
5）三段論法のような、論理的推論を行なって、いくつかの命題のあいだの真／偽の関係を計算することができる。

だいたい、こんな感じだ。

三段論法

例をあげてみよう。

1） a「ウマは動物である」は、命題の例である。
2） b「ウマは動物でない」は、その否定。
3） aは真、bは偽である。
4） c「ウマは動物である、そして、ウシは動物である」は、複合的な命題の例である。
5）大前提… a「ウマは動物である」

小前提…ｄ「動物は生物である」

ならば、

結論……ｅ「ウマは生物である」

のような関係を、三段論法という。この組み合わせには、何百通りもある。上の例の場合は、ａが真、ｄが真なら、ｅも真。どういう場合に、真なる命題が導かれるか、推論のパターンをのこらず暗記することになっていた。

＊

アリストテレスは、名詞を、概念をあらわすものと考えて、概念の相互関係に注意を払った。

たとえば、ウマは動物で、動物は生物だ。ウマのほかにウシも動物だ。

「○○は動物である」という命題の、○○の部分にあてはまるものを、動物の「外延」という。具体的には、ウマとかウシとか、イヌとかキリンとか…。つまり、動物とされるものの全体だ。

また、「ウマは△△である」という命題の、△△にあてはまるものを、ウマの「内包」（または、属性）という。具体的には、動物である、ひづめがある、ヒヒンと鳴く、…。つまり、ウマの性質とされるものの全体だ。

さまざまな名詞は、内包や外延の関係で結ばれている。こうした関係をまず調べあげる。

＊

つぎ。「ウマは動物である」とは、Ａ「あるものがウマである」ならば、B「あるものが動物である」という意味である。これを、A⇒B、と書く。ここで、BをAの必要条件といい、AをBの十分条件という。(これは、高校の数学の時間に習いました。)

さて、うまく工夫すると、必要十分条件(必要条件で、同時に、十分条件にもなっているということ)がみつかる場合がある。たとえば、「ウマは、動物で、ひづめがあり、ヒヒンとなき、ロバでない」が必要十分条件になっているとすると、後半(ウマは、…の、「…」の部分)は、ウマの定義に使える。ある概念の定義をみつけることは、論理的にものごとを考える場合に、とても大事なことなのだ。

と、こんな具合に、アリストテレスの論理学は進んでいく。

言葉と数

アリストテレスの論理学では、名詞(ものの名前)が大きな役割を演じていた。

*

言葉(たとえば、ウマという名詞)は、どういうはたらきをするか。

「ウマ」という言葉が意味をもつのは、この世界にあるものがみな、ウマである/ウマでない、のどちらかだ(とみんなが思う)からである。つまり、あるものが、ウマであり同時にウマでなかったりはしない。ウマでなく同時にウマでないのでもなかったりもしない。これは「ウマ」に限らず、どの名詞についても成り立つ性質である。
よく考えると、これは、驚くべきことだ。
この世界にあるものは、一つひとつ、本当は微妙に違っている。ウマだって、大きさも色つやも、一頭ずつ違っている。性質だって違う。細かくみれば、同じものなんてこの世界に二つとない。それをまとめて、「ウマ」というのは、とても乱暴なことではないだろうか。
でも人間は、それをする。そのおかげで、この世界は、さまざまな名前で呼ばれるもの（ウマや、スズメや、水や、山や、桜や…）の集まりになる。混沌（カオス）が、秩序あるもの（コスモス）になる。言葉をつかうとは、そういうことなのだ。

*

するとどうなるか。
言葉が指すもの（ウマならウマ）が、いくつもあることになる。
いくつもあれば、数えることができる。
ものを数えるには、「いち、に、さん」などと、名前をつけて順に数える。
これが、数である。
言葉があるから、数がある。言葉がなければ、数がない。
つまり、数と言葉は、同じ起源をもつのだ。
（ちなみに、動物は、言葉をつかわないので、数を数えることができません。)

　このように考えると、言葉や概念を扱う論理学と、数を扱う数学は、もともと密接な関連があることがわかる。だから、数学と論理学を合流できるかも、と考えてみることは、そんなに的外れな考えではない。

*

　ラッセルが考えていたのは、そうやって数学と論理学を統合することだった、とも言える。

　ただし、ラッセルは、昔ながらの数学と、昔ながらの論理学を、統合しようと考えたのではない。それはやるだけ無駄。そうではなくて、集合論をベースにした現代数学と、新しく登場した記号論理学とを、統合することを考えた。

フレーゲの概念記法

　１９世紀の後半、記号論理学の登場によって、伝統的なアリストテレスの論理学はようやく時代遅れになった。論理学の教科書も、すっかり書き換えられた。

　記号論理学の開拓者は、ジョージ・ブール、オーガスタス・ド・モルガン、ゴットロープ・フレーゲ、といった人びとだ。彼らは、言葉のかわりに記号や数式を用い、論理を「計算」する方法を編み出した。

　その代表として、フレーゲの仕事に注目しよう。

*

　フレーゲ（Gottlob Frege 1848–1925）は、１８７９年に『概念記法』という画期的な書物をあらわした。あんまりアイデアが斬新で、あとでラッセルが紹介するまで、なかなか人びとに理解されなかったと言われている。

フレーゲは、まず、アリストテレス以来の伝統的な論理（命題論理）にかえて、述語論理なるものを発明した。これは、命題を、いくつもの変数を含む関数とみなして、その値を計算しようというものである。

もうひとつ、量化子（quantifier）というものも発明した。これは、∀（すべての〜）とか∃（ある〜）とかの記号を用いて、上記の関数をみたす変数を表現する仕組みだ。否定（¬）や、そして／または（∧／∨）も記号化した。

『概念記法』のこうした工夫によって、記号論理学の骨組みができあがったと言ってよい。

*

記号論理学は、これまでの論理学にくらべると、いろいろな利点がある。

まず第一に、こみいった論理推論を、頭のなかで行なわなくても、記号を使い、紙のうえで計算できる。数学の証明の要領で、推論を間違いなくどこまでも続けていける。これは便利だ。

第二に、もっと大事なことだが、数学者がこれまでやってきた証明はのこらず、記号論理学で表現することができる。つまり、数学全体が記号論理学を下敷きにしている、という関係になった。

こういう利点があるので、記号論理学は数学で広く用いられている。

無限のなぞ

さて、もうひとつの、集合論とはどんなものか。

集合論が、だいたいいまのかたちに完成したのは、１９世紀も末のことだ。

なぜ、そのほかの数学（微積分とか代数学とか）がどんどん発展したのに、集合論だけモタモタしていたのだろうか。それは、無限の扱いが、むずかしかったからである。

*

有限と無限について、考えてみる。

（ここからしばらくは、大学の一、二年で習う初歩的な内容なので、理系の皆さんはとばして下さい。）

ウマが、何頭かいます。では、ウマは、何頭いるでしょう？

それには、数えてみればよい。有限なら、数えきることができるから、何頭いるかわかる。

でも、どんな場合も、必ず数えられるのか。これから生まれるウマのことなども考えると、ちょっと心配になるが、だいたい数えられそうだ。

バイキンが、うようよいます。バイキンは、何匹いるでしょう？

バイキンは、小さくて、動き回っているし、分裂してすぐ殖えてしまうので、数えるのがむずかしい。でも、理屈のうえでは、数えきれると考えてよい。

ここで、重要な性質。かなりたくさんのものを、必ず数えきることができるためには、数（ものを数えるときの名前）が十分にたくさんなければならない！

1，2，3，4，5，…

と並んだ数の列を、自然数という。自然数は、ものがいくつあるのか数えるのに使う。

＊

自然数は、どこまで続くのだろう。自然数に「おしまい」があって、数え切れるのだろうか。

自然数に「おしまい」があるとすると、おかしなことになる。「おしまい」に１を加え、おしまいの「つぎ」を作ることができるからだ。「つぎ」があるのなら、それは「おしまい」じゃない。

よって、自然数に「おしまい」はない、と考えるしかない。自然数は、どこまでも続いていくのだ。

「無限」とは、具体的な数のことではなく、このように「どこまでも続いていくという状態」のことをいう。

ここまでは、１９世紀末よりもずっと前に、わかっていた。有限と無限とは、レヴェルの違う話なのだ。

問題は、その先だ。

集合の濃度

この章の初めに紹介したカントールは、集合論の重要な問題を、ほとんど一人で考えた、独創的な学者である。でも、あんまり奇妙な結論がつぎつぎ出てくるので、これでいいのかと悩んでしまい、ときどき精神に変調をきたした。（これは、無限集合論などという奇妙なものを研究しているとして、学界のボスだったクロネッカーにいじめられたせいだともいう。）晩年は精神病院で過ごしている。

カントールが問題にしたのは、自然数、有理数、実数の関係だった。どれも、数学にとっては基本的で、なくてはならないものである。

*

この問題を考えるのに、集合を使う。

集合（set）とは、数の集まりである。（実は、数でなくても、数学的な対象なら何でもよいのだが、とりあえず、数の集まりとしておく。）

集合には、有限集合と、無限集合がある。有限集合は、有限個の数が集まったもの。無限集合は、数えきれない数が集まったもの。

自然数は、無限集合である。

有理数は、無限集合である。

実数は、無限集合である。

では、自然数と有理数と実数とは、集合として同じだろうか。

これに答えるには、無限集合同士の、無限の度合いを比べなければならない。

どうやって比べればよいだろう。

*

有限集合ならば、その要素の個数を数えてみて、どちらがたくさんあるか決める。（有限集合にも、バイキンのように、事実上数えきれない場合もあるだろうが、数学では、その辺を気にしないで、とにかく、いつかは数え切れるはずだと考える。それが、有限である。）

無限集合には、おしまいがないから、数え切ることができない。だから、「個数」もない。

そこで、つぎのような工夫をする。

*

無限集合の大きさを比べるには、両方の集合から要素をひとつずつ取り出して、ペアにすることができれば、「個数が同じ」と考えることにする。こうしてペアにすることを、一対一対応（one-to-one correspondence）という。（無限集合は、個数を数えられないので、個数といわずに、「濃度」ということにする。）

一対一対応がつけば、個数（いや、濃度）が同じというのは、素直な考え方だ。でも結論は、奇妙なことになる。

まず、いちばん簡単な無限集合として、自然数の集合を考える。1から順番に、数が並んでいる集合だ。この集合の濃度を、可算（countable）という（可付番ということもある）。

自然数の集合（これはいま定義したように、可算集合）と、一対一対応がつくならば、その集合も可算集合ということになる。

すると。

Th. すべての偶数の集合は、可算集合である。

なぜなら、

自然数	1,	2,	3,	4,	5,	…
	|	|	|	|	|	
偶数	2,	4,	6,	8,	10,	…

のように、対応がつくからだ。

偶数は、自然数の一部（真部分集合）なのに、「個数」は同じなのだ。文学的に表現すると、「無限集合は、その全体を、その一部分のなかに“押し込む”ことができる」のである。

これは、無限集合の重要な性質である。

*

Th. 有理数の集合は、可算集合である。

有理数とは、n/mのように、分数（自然数の比）で表せる数のこと。自然数より、だいぶ多そうに思える。でも実は、有理数の濃度は、自然数と同じ。それは、こんな対応がつけられるからだ。（次ページの図を参照。図のあちこちに同じ数、たとえば、1/2と2/4が出てくるが、同じものはとばす。）

対角線論法

さて、ここから先が、無限集合論のハイライトだ。

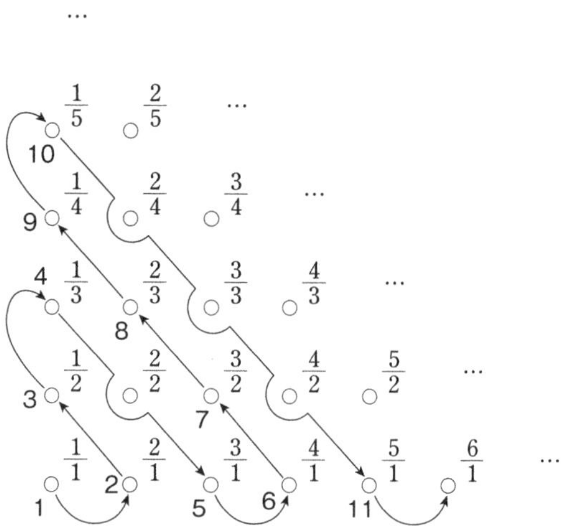

実数と、自然数（可算集合）は、対応がつくのだろうか。

あるいは、いま証明したことを踏まえると、実数と有理数とは、集合の濃度が同じだろうか。

結論を言えば、実数と有理数は、対応がつかない。実数の濃度は、自然数の濃度より大きい（実数はずっと個数が多い）のである。つまり、

Th. 実数の濃度は、有理数（自然数でも同じ）の濃度より大きい。

これを証明するのに、「対角線論法」なるものを使う。

これも、どの教科書にも書いてあるので、紹介する

のは気がひけるが、初耳だというひとがいるといけないので、説明しておく。

*

まず、実数（とりあえず、0と1のあいだの部分）を、小数に直す。

かりに実数が、可算集合だとすると、自然数のように順番に並べることができる。（次ページの図は、ちょうど並べ終わったところ）。

そこで、この対角線にあたる数字に、それぞれ1を加えてみる（9に1を加える場合は0とする）。こうしてつくった新しい小数は、たしかに実数である。しかも、この列のどこにも並んでいない（n番目の小数とは小数第n位が違っている）！

これは矛盾である。つまり、実数を、自然数のように一列に並べられるとした最初の前提がおかしい。ゆえに、実数は、可算集合ではなく、もっと濃度の大きな無限集合なのである。（証明終わり）

*

これは実数の、とても重要な性質である。

実数の濃度を、「連続」という。

解析学は、実数を並べた数直線（x軸、y軸）を、座標軸に使っている。実数は、微分や積分の、土台として必要不可欠なものである。でもその性質は、カントールやデデキント（カントールと同時代のドイツの数学者）が明らかにするまで、実はよくわかっていなかったのだ。

$$
\begin{aligned}
a_1 &= 0.876541\cdots \\
a_2 &= 0.012831\cdots \\
a_3 &= 0.345671\cdots \\
a_4 &= 0.300009\cdots \\
a_5 &= 0.009912\cdots \\
&\vdots
\end{aligned}
$$

無限集合が無限にある

カントールは、無限集合に「可算」「連続」の、少なくとも２種類があることを明らかにした。

これだけでも、驚くべきことだ。

それだけではない。

無限集合は、つぎからつぎに、いくらでも大きな濃度のものをつくることができるのだ。

Th.　無限集合からべき集合をつくると、もとの無限集合よりも濃度が大きい。

「べき集合（power set）」とは、もとの集合のあらゆる部分集合からなる集合、をいう（べきは、漢字で「冪」と書きます）。

有限集合Aを例にしよう。いまAが、xとyを要素とする集合、すなわち、

$$A = \{x, y\}$$

だとすると、そのべき集合を 2^A と書いて、

$$2^A = \{\phi, \{x\}, \{y\}, \{x, y\}\}$$

となる。これは、有限集合の場合。

無限集合の場合も、考え方は同じだ。べき集合は、濃度がもとの集合より必ず大きくなる（証明略）。

*

この結果からわかるのは、無限集合の種類は無数であって、いくらでも濃度の大きな集合が存在するということ。気の遠くなるような結論だ。

集合論のパラドックス

さて、集合論が重要なのは、数学の全体を、集合の考え方で表現できることである。集合論が、数学を基礎づけると言ってもよい。

それには集合論の、公理系をしっかりつくらなければならない。公理系には、矛盾があってはいけない。

*

ところが、集合の考え方には、困ったことに、あちこちにパラドックスがみつかるのだ。

たとえば、「すべての集合からなる集合」。何となくあってもよさそうな集合だが、こういう集合を認めると、矛盾がうまれる。

かりにこういう集合があるとして、この集合を、Ωと書くことにしよう。Ω自身は、Ωの要素であるのかどうか。ΩがΩの要素でない（$\Omega \notin \Omega$）とすると、Ω

は「すべての集合」を要素としない（集合なのにΩの要素でないものがある）ことになってしまう。かと言って、ΩがΩの要素である（$\Omega \in \Omega$）とすると、やはり矛盾が導けてしまう。（証明略。興味のある人は、たとえば彌永・小平『現代数学概説』1:75 あたりを見て下さい。）

*

このパラドックスを取り除くには、「集合の集合は集合ではない」と考えればよい。あとでのべる、ラッセルの階型理論（タイプセオリー）は、この考え方である。

集合論はほかにも、いろいろ手直しされたうえ、数学全体を基礎づけるものとなった。

論理主義

集合論が、さまざまな領域に複雑に枝わかれした数学の全体を基礎づけるものとなったのは、集合の考え方が単純で、論理的で、どんな領域にもあてはまるからである。

そこで、つぎのようなアイデアがうまれてきた。

集合論と、論理学を、関連づけられないか。どちらも、単純だし、論理的だし、基礎的だ。もしも、集合論と論理学が関連づけられれば、数学と論理学とが、ひとつに統合できるかもしれない。

数学の基礎である集合論を、もっと掘りさげて、論理学との合体をめざす。これが、数学基礎論のねらいだ。

当時、数学をどのように基礎づけるかをめぐって、3つの立場があった。

第一に、形式主義。ドイツの指導的な数学者ヒルベルト（David Hilbert 1862–1943）が、代表格だった。

第二に、直観主義。ブラウアー（L. E. J. Brouwer 1881–1966）というオランダの数学者が唱えたものだが、少数派だ。

第三に、論理主義。フレーゲや、バートランド・ラッセルの立場だ。

*

3つの立場は、数学と論理の関係をどう考えるかが違っている。

形式主義は、論理が数学を基礎づける、とは考えない。数学は、論理を含むが、それは数学に限ったことでない。論理は、思考の規則のことだからだ。数学を基礎づけるのは、数学それ自身（公理系が無矛盾であること、つまり、形式）なのである。

直観主義は、論理は不確かな部分を含むので、数学の基礎にならないとする。特に、排中律を認めず、排中律抜きで数学の証明を行なうべきだ、という立場をとる。

論理主義は、数学を基礎づけるものこそ論理学だとする。この立場によれば、数学は、論理学の特別な場合にほかならない。自然数も、そのほかの数学的な対象も、論理学の手続きでつくり出せると考える。

では、どれが正しかったかというと、結局、どの立場にも問題があった。でも、それぞれ、数学を発展させるのに大きく貢献し、そのアイデアは現代数学の財産となっている。

フレーゲに紹介されて

ヴィトゲンシュタインはマンチェスターで、ラッセルの書いた『数学の原理』(1903)と、フレーゲの『算術の基本法則』(第1巻、1893)の研究に没頭した。そして、フレーゲの指導を受けたいと思った。

１９１１年の夏休み、ヴィトゲンシュタインは、イェーナにフレーゲを訪問し、弟子にして下さいと頼んだ。フレーゲは突然押しかけた若者に、あまりいい顔をせず、もう年だから無理だと断った。それでも、親切に、ラッセルのところに行ってみたらどうかね、と助言してくれた。

*

そこでヴィトゲンシュタインは、その年の１０月にケンブリッジのバートランド・ラッセルのもとを訪れる。ラッセルが、ホワイトヘッドとの共著『プリンキピア・マテマティカ』第1巻を出版した、翌年のことである。

フレーゲとラッセル

ゴットロープ・フレーゲ（1848−1925）
数学者、哲学者。記号論理学の創始者。ゲッティンゲン大学で博士号を取得。1879年、『概念記法』を出版。イェーナ大学で教鞭をとり、退職後は故郷で余生を送った。

バートランド・ラッセル（1872−1970）
数学者、哲学者。祖父は英国首相をつとめた伯爵。著書は、『プリンキピア・マテマティカ』（ホワイトヘッドとの共著）、『西洋哲学史』など。リベラルな提言を行なういっぽう、女性スキャンダルなどで非難を浴びる。1950年、ノーベル文学賞を受賞。

第3章
ケンブリッジの日々

凧揚げをするヴィトゲンシュタイン（モンク1巻）

突然の闖入者

ドイツ語なまりで金髪でハンサムな、いっぷう変わった青年がいきなり飛び込んできてからの日々について、バートランド・ラッセルが思い出を語っている。ノーマン・マルコムの、『回想のヴィトゲンシュタイン』（1974、法政大学出版局）の付録によると、こんな具合だ。

《はじめのうち、ヴィトゲンシュタインが天才か、それともただの変人か迷ったけれども、じきに天才だとわかった。奇妙な考え方をするので、迷ったのである。たとえばあるとき、彼は、すべての存在命題は無意味だ、と言い張った。教室でそう言い出したので、私は、「この教室に、いまカバはいない」という命題のことを考えてみなさい、と言った。それでも信じないというので、私は机の下をのこらずのぞきこんで、ほらカバはいないだろうと言ったのだが、彼はそれでも納得しなかった。》(『マインド』60、1951)(橋爪訳)

《ヴィトゲンシュタインが、私のところにやってきて、「私が正真正銘のバカかそうじゃないか、教えて下さい」と聞くので、「わからないよ。なぜきみは、そんな質問をする?」と言うと、「正真正銘のバカなら飛行機乗りに、そうでないなら哲学者になるからです」と答えた。そこで、「休暇のあいだになにか哲学のテーマについて書いてきなさい、そうしたら正真正銘のバカかどうか教えてあげよう」と言った。つぎの学期のはじめに、ヴィトゲンシュタインは言われたとおり宿題をもってきた。最初の一行を読むなり、私はこう言った、「きみは、飛行機乗りなんかになってはいかん!」そして彼は、飛行機乗りにならなかったのである。》(『リスナー』1955.2.10)(橋爪訳)

ヴィトゲンシュタインは、おとなしく教室に座って勉強するタイプではない。でもいったん興味をもったことは、とことん研究しないと気がすまない。

第2章でざっと紹介した、数学と論理学の発展や研究の最先端について、どこまで理解していたのかわからないが、ラッセルの指導を受けると、何でもたちまち吸収するばかりか、新しいアイデアをつぎつぎ出してラッセルを驚かせる。やがてラッセルは、ヴィトゲンシュタインが、自分のあとを継いでくれるのでは、と期待するようになる。

けれども、ヴィトゲンシュタインの興味は、だんだん数学や論理学を通して、この世界のあり方そのものを考えること、つまり、哲学に移っていく。そして、自分なりの思索をはじめる。

論理がすべてか

ヴィトゲンシュタインが、次第にラッセルの枠に収まらなくなったのは、ひとつには、ラッセルの構想に間違いや問題点をみつけたからだった。

ラッセルの論理主義の構想は、おおよそこんな具合になっている。

数学は、「数」学というぐらいだから、数論（自然数についての議論）を含まなければならない。自然数は、つぎのようなものである。

$$0$$
$$1 = 0 + 1$$

$$2 = 1 + 1$$
$$3 = 2 + 1 = (1 + 1) + 1$$
$$4 = 3 + 1 = ((1 + 1) + 1) + 1$$
……

つまり、自然数は、０から始まり、１つずつ数をたすことでできている。（高校では、自然数は１から始まると教えるが、大学以上では０から始まることになっている。そのほうが、いろいろ便利なのだ。）

これを、「ペアノの公理」という。

ラッセルは、これを、つぎのように書きかえる。

$$0 = \phi$$
$$1 = \{\phi\}$$
$$2 = \{\phi, \{\phi\}\}$$
$$3 = \{\phi, \{\phi\}, \{\phi, \{\phi\}\}\}$$
$$4 = \{\phi, \{\phi\}, \{\phi, \{\phi\}\}, \{\phi, \{\phi\}, \{\phi, \{\phi\}\}\}\}$$
……

ここでϕは、空集合のことである。

さっきのと大差ないようにみえる（そして、大差ないのだ）が、＋（たし算）でなく、集合に置きかわっている。ここが大事。自然数を、「空集合、空集合を要素とする集合、…」というぐあいに、集合だけを使って順番に表現することができるのである。

＊

自然数はよいとして、実数はどうするか。

自然数から有理数（分数）は、すぐにつくれる（一対一対応がつけられる）。でも、実数はそうはいかない。

ラッセルは、選択公理に注目した。

選択公理は、無限集合から新しい無限集合をつくり出せる公理のひとつ。いちばんふつうの集合論の公理系（ツェルメロとフレンケルがつくったので、ZFという）に、選択公理をつけ加えて、実数を導けばよいと考えた。（実数は、数直線や二次方程式の解など、数学者が昔から当然のように用いてきたものだが、それを論理と集合で基礎づけないと気がすまないのが、論理主義である。）

論理主義は、とにかく手間がかかる。『プリンキピア・マテマティカ』は３巻本だが、１＋１＝２の証明のところまでで、約７００ページ。実数の存在が導けたところで、３巻が終わってしまっている。

パラドックス

ラッセルは、『プリンキピア・マテマティカ』を出版する、準備にまる１０年もかかった。それは、つぎつぎに困ったパラドックスが見つかって、その解決に時間がかかったからだ。

＊

ラッセルは、『プリンキピア・マテマティカ』のまえに、予告編として、『数学の原理』(1903) という本を書いた。そのあと、同じ論理主義の立場で、フレーゲが『算術の基本法則』(1893) を出しているのがわかった。さっそく読んでみると、その公理系が、パラドックスを含んでいるではないか。ラッセルはすぐに、フレーゲに手紙を書いた。

ちょうど続きの、『算術の基本法則Ⅱ』(1903) を出版するところだったフレーゲは、ショックを受ける。そして巻末に、実はこんなパラドックスがみつかりましたと、あわてて紹介した。

これは「ラッセルのパラドックス」とよばれる。簡単に説明すると、まず、「自分自身を要素として含まない集合」を考え、そうした集合をのこらず集めた集合S(ラッセル集合という)をつくる。では、Sは、自分自身を要素とするか。これをYesと考えてもNoと考えても、矛盾する、というものだ。(矛盾することを、証明してみよう。)

タイプ理論

こういうパラドックスが生じるのも、「すべての集合の集合」みたいな、あやしい集合を考えるから。そう思ったラッセルは、それを禁止することにした。これが、タイプ理論 (type theory) である。

タイプ理論(階型理論 theory of typesともいう)は、次ページの図のように、集合がみなタワーマンションに住んでいて、何階の住人かそれぞれ印がついている、みたいに考える。

⋮	⋮	⋮	⋮
class	界	集合の集合の集合	$\mathbb{A}$
family	集合族	集合の集合	$\mathcal{A}$
set	集合	集合	A
element	点	要素（対象）	a

つまり、点が1階なら、集合は2階。階層が違う。集合を集めて集合をつくると、もう1階上の3階に移って、集合族になる。集合族を集めると、もう1階上（4階）の、界になる。……という具合に、階層（タイプ）はどこまでも続いていく。

こうすると、たしかに、パラドックスを防ぐことができる。でも、すべてのパラドックスを防ぐことはできない。そこでラッセルは工夫を重ね、タイプ理論をもっと複雑にした。そんなことに時間がかかっていたのだ。

論理はなにを表しているのか

ヴィトゲンシュタインがラッセルのところにやってきたのは、ちょうど彼が『プリンキピア・マテマティカ』の第2巻（1912）、第3巻（1913）を仕上げている最中だった。

ヴィトゲンシュタインは、ラッセルの講義に出て、あれこれ活発に発言した。講義がすんでも議論をやめず、ラッセルの部屋までついて行ったりした。自分に哲学の才能があるのか、ラッセルの反応を知りたくて気が気でなかったのだ。

*

ヴィトゲンシュタインは、ラッセルに認められて自信をつけてくると、だんだん自分のテーマを掘り下げて思索するようになっていく。

ヴィトゲンシュタインは、丈夫な表紙のついたノートに、いつも自分のアイデアを書きとめていた。これは、生涯続いた彼の習慣で、何十冊もノートが残っている。(残念ながら、本人が処分してしまったノートも多いらしい。)当時の彼の思索のありさまを、ノートからうかがい知ることができる。

*

ヴィトゲンシュタインが切実に考えていたのは、ラッセルとは違ったことだった。

ラッセルは、論理主義の立場から、論理学によって数学を基礎づけることに関心があった。それは、論理学や、数学、哲学といった、アカデミックな学問の話だった。

いっぽうヴィトゲンシュタインは、自分の生きるこの世界のことを、もっとまるごと考えようとした。論理学は、この世界について「徹底的に考える」ための道具だった。

論理は何をあらわしているのか。論理をヒントに、世界の成り立ちについて、何を知ることができるか。それがヴィトゲンシュタインの、切実な関心だった。それにくらべれば、論理学が数学を基礎づけるかどうかなんて、おまけみたいなものだ。

天才か死か

ヴィトゲンシュタインは、議論になると、頑固で徹底していた。ラッセルとの「カバが存在するか」論争の場合も、そうである。議論の最中に、暖炉の火かき棒をふり回したという伝説もある。だから、彼と友達になるのはちょっとむずかしいことだった。ヴィトゲンシュタインのほうは、友達をほしがっていたのだろうけれども。

*

なぜそこまで、容赦なく考えるのだろう。

“天才か、さもなければ死か。”彼はそんな、ぎりぎりのところに自分を追いつめていた。芸術的天分をもてはやす家庭環境。自分にはなんの才能があるんだろうと、小さいころから彼はずっと悩んでいた。

そして、兄たちの自殺。

加えて、尊敬する人びとの自殺。リンツの実科学校を終えたあと、ヴィトゲンシュタインはウィーン大学のボルツマンのもとで、物理学を学ぼうと希望したらしい。でもその矢先、１９０６年に、ボルツマンは自殺してしまう。

ヴィトゲンシュタインは若いころ、オットー・ワイニンガー（ユダヤ人の思想家で、ゲイでもある）の、『性と性格』(1903) にも影響を受けた。その彼は２３歳の若さで、ベートーベンの旧宅でピストル自殺をとげてしまう。

第一次世界大戦のときには、休暇をもらって、旧知の詩人ゲオルグ・トラークルに会いに行った。着いてみたら、数日前に自殺したあとだった。よくよく自殺に縁があるのだ。

＊

自分が無価値な人間なら、この世界に存在すべきではない。ならば、勇気をもって自殺するほうがいい。――若者にありがちな心境である。ヴィトゲンシュタインの場合、それが狂気への恐れと背中合わせになって、彼をかりたてていた。

彼は、たしかに天才だと思う。でもその舞台裏は、ひとの役に立つ価値のあることをしなければという、人一倍の焼けつくような焦燥感だった。そうやって仕事ができていたのだとすれば、なんと彼に声をかければよいのかと思う。

論理に関するノート

ヴィトゲンシュタインは、ラッセルと議論をしながら、しだいに自分の考えをまとめはじめる。

それが、最終的に、『論理哲学論考』(1922) として出版された。これは、ヴィトゲンシュタインが、生前に発表した唯一の書物だ。足かけ１０年の時間がかかっている。

*

２０００年に、オックスフォード大学出版局から、ヴィトゲンシュタインの遺稿のCD－ROMが発売されて、ノート類がのこらず参照できるようになった。

ヴィトゲンシュタインの死後、後期の代表作『哲学探究』(*Philosophische Untersuchungen*、1953）をはじめ、多くの遺稿が、弟子たちの編集によって、書物として出版された。その編集のプロセスを、残されたノートと照合して、検討できるようになった。

この遺稿をふまえた、鬼界彰夫『ウィトゲンシュタインはこう考えた』(講談社現代新書、2003）は、ヴィトゲンシュタインの思索のあゆみを、時を追って、厳密に検証している。本書も、この書物にいろいろ助けられている。

*

さて、『論理哲学論考』(*Tractatus Logico-Philosophicus*、以下『論考』）は、論理学・数学の書物のようであって、そうでない。ふつうの哲学の書物のようであって、そうでない。ラッセルの仕事につながる部分と、ヴィトゲンシュタイン独自の思索と、二重の構造になっている。そこをつきとめれば、この書物が何を言いたいのかがわかる。(『論考』は、野矢茂樹訳の岩波文庫が簡単に手に入るので、ぜひお買い求め下さい。)

『論考』は、ケンブリッジでラッセルと議論しながら書きとめた、「論理に関するノート」が最初の原稿だ。それが、修正され、抜き書きされ、整理されて、最終的にいまの『論考』のかたちになっていく。

*

『論考』が、論理学・数学の議論をはみ出る、もっと大きなスケールの書物にふくれあがったのは、第一次世界大戦の影響によるところが大きい。ヴィトゲンシュタインは、戦場にもノートをもっていき、絶え間なく思索と執筆を続けた。激しい戦場が、『論考』の草稿を、こんがりと焼きあげた。そうして、不思議な構造の書物ができあがったのだ。

未曾有の大戦争

第一次世界大戦。

この戦争が、どんなにすさまじいものだったか、よく肝に銘じておく必要がある。

*

１９１４年、バルカン半島で、オーストリアの皇太子が暗殺されたのに端を発した戦争は、たちまち全ヨーロッパに拡大した。オーストリア、ドイツ、トルコに対し、フランス、ロシア、イギリス、イタリアが、敵味方に分かれて戦った。あわせて３０００万人もが戦場に駆り出され、およそ１０００万人が戦死した。行方不明者も、ほぼ同じ数になる。それまでの戦死者は、アメリカ南北戦争の６０万人あまりが最大だったというから、どれほど桁はずれな戦争かわかろうというものだ。

日本は、日露戦争のあと、第一次世界大戦をパスしたようなものなので、あまり実感がない。だがヨーロッパでは、第二次世界大戦より、ずっとひどい戦争だったと記憶されている。

*

もっとも、兵士たちは最初、数週間か、長くても数ヵ月で戦争は終わるだろうとたかをくくっていた。普墺戦争（1866）も普仏戦争（1870-1871）も、比較的短期間に終わったからである。

なぜ、これらの戦争がすぐに決着したかと言うと、ドイツ（当時は、プロイセン）に、ビスマルクとモルトケがいたからである。

首相のビスマルクは、ドイツを統一するのに、どうしても、オーストリア、フランスと戦争が避けられないと覚悟していた。それには、両国を同盟させないようにして、一国ずつ片づけないといけない。ロシアなど第三国に干渉するひまを与えてもいけない。

ビスマルクは、巧みな外交手腕で、その条件を整えた。そして、プロイセン陸軍参謀総長のモルトケに、作戦の立案を命じた。

モルトケは、鉄道で、味方の兵力を決戦地点に集結して敵を包囲殲滅する、大胆な作戦計画を立てた。そして、作戦通りに、オーストリアを、そしてフランスを打ち破った。電光石火のあざやかな勝利に、ヨーロッパ中が目を見張った。

こうしてプロイセンは、念願のドイツ統一をなしとげたのだが、モルトケの作戦がうまくいきすぎたので調子にのって、フランスの恨みをかうようなことをした。パリに進撃して占領したうえ、わざわざヴェルサイユ宮殿でドイツ皇帝の即位式を行ない、賠償金を課し、アルザスロレーヌ地方を割譲させたのだ。フランスは、仕返しをせずにおくものかと思う。第一次世界大戦で、ドイツはその手痛いしっぺがえしを喰らうことになる。

物量作戦

　第一次世界大戦が、すぐ決着しなかったのは、各国の政治や外交の不手際のせいだが、武器や戦術の変化によるところも大きい。

　機関銃は、防御する側に有利な兵器である。鉄条網やトーチカに固められた前線を、機銃掃射のなか、突破することは困難になった。鉄道も、防御側に有利にはたらくようになった。敵が攻勢をかけてきたら、その方面に、後方から兵員や武器弾薬をどんどん送りこめばよいのだ。

　戦争は膠着状態となった。どの国も、工場をフル回転させ、前線にありったけの武器・弾薬・兵員を送り込んだ。そして、敵陣の塹壕めがけて、雨あられと砲弾を撃ち込んだ。数えきれぬ若者が、塹壕のなかで、むざむざと命を落としていった。

　国家が、戦争マシーンになってしまった。

伍長ヒトラー

ヒトラーは戦争が始まると、ドイツ軍に志願し、西部戦線に配属された。勇敢に任務を果たし、運よく生き残って、帰還した。

*

戦争の体験が、ヒトラーに深い影を落とした。

第一次世界大戦は、なぜ戦っているのか、戦争目的がはっきりしなかった。

足かけ5年にわたる戦争で、どの国も国力を消耗した。結局ドイツが先にへばった。ロシアでは革命が起こった。オーストリア・ハンガリー帝国は解体した。ヴェルサイユ講和条約によって、ドイツは莫大な賠償金を支払うことになった。失業者があふれ、ドイツ経済はガタガタになった。

戦争によってえられたものは、何もなかった。人類の進歩と繁栄の象徴だった、科学技術と工業と経済の発展は、結局、１０００万人もの人間の命を奪い、美しい町や村を破壊するためだったのか……　幻滅と虚脱感が、ヨーロッパを覆った。

*

敗戦国のドイツは悲惨だった。戦場では五分五分以上の戦いだったのに、政治が悪かったから、敗れたと考えたドイツ人が多かった。領土は小さくなった。ユダヤ人の陰謀で負けたと宣伝して回る、ナチスのような右翼も出てきた。インフレがこれに輪をかけた。

戦争に負けた気がしないドイツの国民は、強力な政治的リーダーの登場を、待ち望むようになった。

共産主義の脅威

もうひとつ、ヒトラー登場に追い風となったのは、共産党の勢力がのびたことだった。

＊

２０世紀前半は、戦争と革命に明け暮れた。

戦争も、革命も、社会を劇的に変化させる。でも、戦争と革命は、根本が違っている。

どこが違うか？

戦争は、合法的に行なわれる。ナポレオンが、国民皆兵の軍隊をつくった。徴兵制がしかれ、憲法に兵役の義務がうたわれた。どの国も、それにならった。

だから、戦争になれば、誰もが兵士となって戦場に赴かなければならない。戦争の目的に反対でも、個人的に戦争が嫌だと思っても、参加しないですむわけではない。戦争は義務なのだ。

いっぽう革命は、非合法な活動だ。国民の義務ではない。革命をやろうと思った人びと、意識の高い人びとだけが、自分の意志で参加する。途中でやめてもいい。任意団体（共産党）が指導する、革命をやりたい人びとの自発的な行動が、革命である。

＊

では、いざとなったら、戦争と革命の、どちらに参加すればいいのだろう。

革命に参加すべきだと、レーニンは言った。

レーニンの『帝国主義論』(1917) は、ヨーロッパの資本主義諸国はやがていき詰まり、海外に進出して植民地争奪戦を繰り広げる。そしてついに、帝国主義戦争をひき起こすことになるとした。第一次世界大戦のことである。

戦争になれば、殺し合うのは、仲間のはずの労働者同士である。同じ命をかけるのなら、革命をやろう。レーニンは、帝国主義戦争こそ、各国の労働者が団結し、革命に立ち上がる絶好の機会だとした。

ところが、いくら共産党が呼びかけても、労働者は耳を貸さなかった。それどころか、社会主義政党や労働組合がどの国でもつぎつぎに戦争協力を表明。労働者の国際的連帯は実現しなかった。

共産党かナチスか

レーニンがロシア革命 (1917) を成功させたあと、ソ連が一国社会主義の道を選んだのは、第一次世界大戦で、国際共産主義運動が手ひどく挫折したせいでもある。

「プロレタリアの国際的連帯」は、簡単でないことが明らかになった。階級闘争のイデオロギーよりも、戦争のほうがわかりやすい。「祖国を守れ」というスローガンのもと、多くの若者が志願し戦場で戦った。ヒトラーも、ヴィトゲンシュタインも、そのほかの名もない人びとも。

*

それでも、第一次世界大戦の終盤に、ロシア革命が成功し、共産党政権が誕生したことは、ヨーロッパの人びとに深い印象を与えた。みじめで無意味な戦争から生まれた、せめてもの副産物だ。

労働者のための国家に、ヨーロッパの人びとはあこがれた。

ヴィトゲンシュタインも、一時期、本気でソ連に移住を考えている。

彼は、集団農場で働きたいと思った。ソ連の大使館の答えは、大学の哲学教授のポストなら用意できる、だった。ヴィトゲンシュタインは、がっかりして、移住をあきらめた。

*

ドイツでは、共産党（ドイツでの当時の名称は、社会民主党）が勢力をのばし、第一党になった。（あとでナチスに追い抜かれた。）共産主義革命が起こったら大変、と思った人びとも多かった。共産党より、ナチスのほうがまだましかも。財界も、ナチスに期待した。

ナチスは、正式には、「国家社会主義ドイツ労働者党」(Nationalsozialistische Deutsche Arbeiterpartei)という。突撃隊（SA、元ならず者の集団）が、街頭をのし歩き、反対政党の集会や労働運動を実力で粉砕した。そのほか、親衛隊（SS）もできた。こうした武装組織は、ドイツ国内に牙をむいた。

ヒトラーにとって、戦争は終わっていなかった。国内で戦争を続けたのだ。

ナチスは、武装組織として姿をあらわし、ドイツ国家を乗っ取った。人びとを熱狂させ、ドイツを前より強力な戦争マシンにつくりかえた。そして、世界を戦争にまきこみ、彼らの奇妙な世界観に従ってユダヤ人を虐殺し、ベルリンが陥落するまで戦争をやめなかったのである。

第4章
『論理哲学論考』

第一次世界大戦のソンムの戦いに登場した戦車

かけがえのない世界

世界が壊れていく！

うなりをあげて飛び交う砲弾のもと、塹壕のなかでふるえながら、何百万もの兵士たちがそう感じた。

科学や技術や工業や、資本主義や、輝かしいヨーロッパ文明は、結局こんなことのためにあったのか。いつ終わるかわからない、機械仕かけの戦争。無意味な死。この世界はどこかおかしいというショーペンハウエル、ニーチェ、フロイトの予感が現実のものになった。

＊

戦争という試練のなかで、ヴィトゲンシュタインも変わっていった。

世界が、壊れようとしている。

世界が、このまま壊れてよいのか。

いや、世界は、壊れてはならない。

世界は生きるに値する。その世界のただなかで、人間には、ものを考える誇りと尊厳がそなわっている。そのことを証明しようと、ヴィトゲンシュタインは、『論理哲学論考』の草稿に、くりかえしくりかえし手を入れていった。

《社会…の内部は、価値（大事なこと）や意味（そのわけ）が満ちている。そうした価値や意味は、人びとが共同で支えている。あなたが生まれる前から、そうした価値や意味はもう存在していた。あなたが死んだあとでも、もっと後の世代の人びとによって受け継がれていく。そうした価値や意味なしには、この世界も知性も成り立たない。……》（橋爪大三郎『世界がわかる宗教社会学入門』2001→ちくま文庫、14ページ）

のだとすれば、世界が壊れようとするいま、この世界を成り立たせる価値や意味の根拠を、確認しないでどうしよう。それでも世界が、存在できることを、証明しないでどうしよう。
ヴィトゲンシュタインは、数学・論理を基礎づけようとする自分の仕事に、世界の価値と意味を論証するという大きなテーマを重ねあわせた。
自分の哲学が、世界を救うのだ。

『論理哲学論考』のなかみ

『論理哲学論考 *Tractatus Logico-Philosophicus*』は、英語とドイツ語が見開きになっていて、番号のついた断片が並んでいる。日本語訳だとタテ書きで、感じが出ないので、冒頭の部分を、72-73ページに、日本語と英語の対訳のかたちで示しておく。

*

この書物を、どう読めばいいか。
『論考』の全体は、

1
1.1
1.11
1.12
…

という具合に、だんだん枝分かれしていく構造になっている。
その全貌を簡単につかむため、枝分かれなしの番号のついた、1〜7の大きな命題を抜き出して、並べてみよう（訳文は、適当に変えてあります）。

1. 世界とは、かくあることのすべてである。

2. かくあること、すなわち事実とは、事態が存立していることである。

3. さまざまな事実の論理的な写像が、思考である。

4. 思考とは、有意義な命題である。

5. およそ命題は、要素命題の真理関数である。

6. 真理関数の一般形は、$[\overline{p}, \overline{\xi}, N(\overline{\xi})]$ である。

7. 語りえぬことについては、沈黙しなければならぬ。

これだけでは、何のことかなあ、と思うしかない。

でも、考えこんでも始まらない。

1〜7をじっくり、5回ぐらいは読み返して、わかったことをあげてみよう。

＊

第一。全体の組み立て。

1〜2は、世界がさまざまな事実（出来事）からなることをのべている。

3〜4は、世界が思考に反映して（写像されて）、命題（文のこと）になることをのべている。

5〜6は、命題の性質やみたすべき条件、つまり、論理学についてのべている。

7は、1〜6とは別なことをのべている。

ここまでは、いいだろうか。

＊

もう少し説明してみる。

『論考』は、世界についてまずのべる。

世界はモノの集まりでなく、実際に起こる（＝かくある）出来事の集まりだという。（とは言え、2.011にあるように、モノは出来事に顔を出しており、それがモノにとって本質的だというのだから、やはり世界の材料はモノである。要するに、自然科学が想定するような、客観的な世界のことである。）

ちなみに、この書き出しは、資本主義は《商品の膨大な集積》だから、商品の分析からはじめよう、と宣言して始まる、『資本論』の冒頭を意識しているような気がする。

＊

『論考』は、つぎに、思考や言語についてのべる。

思考は、命題（＝文）のかたちで表される。思考と言語は、重なりあうと考えられている。命題には、いちばん単純な、要素命題と、それが組み合わさった、複合命題がある。単純な思考は要素命題で、複雑な思考は複合命題で、あらわされる。

＊

『論考』は、さらに、世界と言語（あるいは思考）との関係についてのべる。

世界（出来事の集まり）と言語（命題の集まり）とが、ぴったり対応していると、主張する。この主張を「写像理論 picture theory」という。

1　　世界は成立していることがらの総体である。

1.1　　世界は事実の総体であり、ものの総体ではない。

1.11　　世界は諸事実によって、そしてそれが事実のすべてであることによって、規定されている。

1.12　　なぜなら、事実の総体は、何が成立しているのかを規定すると同時に、何が成立していないのかをも規定するからである。

1.13　　論理空間の中にある諸事実、それが世界である。

1.2　　世界は諸事実へと分解される。

1.21　　他のすべてのことの成立・不成立を変えることなく、あることが成立していることも、成立していないことも、ありうる。

2　　成立していることがら、すなわち事実とは、諸事態の成立である。

2.01　　事態とは諸対象（もの）の結合である。

2.011　　事態の構成要素になりうることは、ものにとって本質的である。

2.012　　論理においては何ひとつ偶然ではない。あるものがある事態のうちに現れうるならば、その事態の可能性はすでにそのものにおいて先取りされていなければならない。

2.0121　かりに、ものがまずそれ自体単独で成立しえて、そのあとにそれがある状況のうちに現れるというのであれば、そのものがその状況に現れたことはまるで偶然であるかのようにも思われよう。

　ものが事態のうちに現れうるのなら、その可能性はもののうちに最初から存していなければならないのである。

（論理的なことは、たんなる可能性ではありえない。論理はすべての可能性を扱い、あらゆる可能性は論理においては事実となる。）

野矢茂樹訳『論理哲学論考』岩波文庫

1 The world is everything that is the case.*

1.1 The world is the totality of facts, not of things.

1.11 The world is determined by the facts, and by these being *all* the facts.

1.12 For the totality of facts determines both what is the case, and also all that is not the case.

1.13 The facts in logical space are the world.

1.2 The world divides into facts.

1.21 Any one can either be the case or not be the case, and everything else remain the same.

2 What is the case, the fact, is the existence of atomic facts.

2.01 An atomic fact is a combination of objects (entities, things).

2.011 It is essential to a thing that it can be a constituent part of an atomic fact.

2.012 In logic nothing is accidental: if a thing *can* occur in an atomic fact the possibility of that atomic fact must already be prejudged in the thing.

2.0121 It would, so to speak, appear as an accident, when to a thing that could exist alone on its own account, subsequently a state of affairs could be made to fit.

If things can occur in atomic facts, this possibility must already lie in them.

(A logical entity cannot be merely possible. Logic treats of every possibility, and all possibilities are its facts.)

* The decimal figures as numbers of the separate propositions indicate the logical importance of the propositions, the emphasis laid upon them in my exposition. The propositions *n*.1, *n*.2, *n*.3, etc., are comments on proposition No. *n*; the propositions *n.m*1, *n.m*2, etc., are comments on the proposition No. *n.m*; and so on.

『論考』のエッセンス

以上を、無理を承知でもっと煮詰めると、『論考』の主張はつぎのようになる。

(1) 世界は、分析可能である。
(2) 言語も、分析可能である。
(3) 世界と言語とは、互いに写像関係にある（同型対応している）。
(4) 以上、(1)〜(3)のほかは、言表不能＝思考不能である。

ここで「分析可能」とは、要素に還元できるという意味である。（なおこのまとめは、橋爪大三郎『言語ゲームと社会理論』1985、11ページによる。）

*

『論考』はもともと、ノートからの抜粋なので、どの断片にも奥行きがある。どの一行も、じっくり味わう価値がある。だから、以上の要約に満足せずに、ぜひぜひ原典にあたってほしい。（参考書には、野矢茂樹『ウィトゲンシュタイン『論理哲学論考』を読む』2002、哲学書房→ちくま学芸文庫、などがよいと思います。）

言語と世界は対応する

本書は、哲学の専門書ではないから、逐条的なくわしい説明はしない。そのかわりに、『論考』という書

補充注文カード

定価 1100円 税10%

注文数　　冊

（…）印

講談社 ISBN978-4-06-288004-6 …10 ¥1000E

書名　はじめての言語ゲーム

講談社現代新書

著者名・他　橋爪　大三郎　著

9784062880046

カードの書名・著

※このカードは貴店での売上管理資料と
ご送付の必要はございません。

社売上カード

書名	はじめての言語ゲーム
本体	1000円

C0

N288004-6 991234

物の構造を考えてみよう。

*

第一のポイントは、言語と世界とが「一対一に対応 one-to-one correspondence」する、と考えていることだ。

『論考』に、「一対一対応」とは書いてない。でもなかみはそういうこと。名は、モノと対応する。命題（文）は、出来事と対応する。命題は、世界のなかにそれに対応する出来事があ（りう）るから、真（そのことが成立している）であったり、偽（成立していない）であったりする。

*

例をあげよう。

『論考』は、要素命題（elementary proposition）がある、と書いているものの、その例があがっていない。

でも、「このバラは赤い」は、要素命題だろう。

バラは、モノの名。「このバラは赤い」は、世界のなかで成立する出来事を表す。もしも、目の前の“このバラが赤い”のなら、この命題は真である。

バラに対応するモノがあり、「このバラは赤い」に対応する出来事がある。だから、言葉は意味をもつ、というのが『論考』の考え方だ。

○○という名だけがあって、対応するモノがない。それは、「意義」がない、という。たとえば「妖精」など。

「○○が○○である」という命題があって、それに

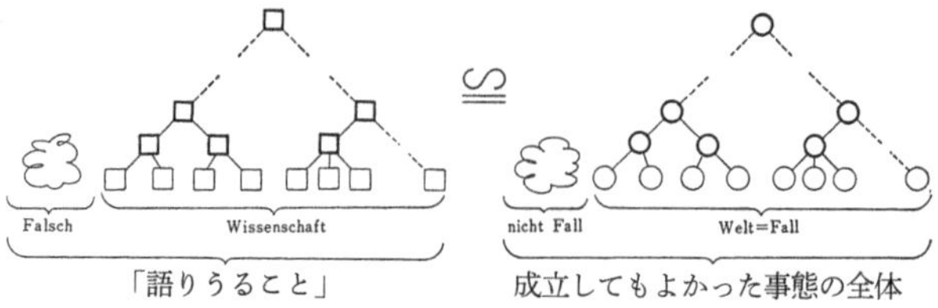

橋爪『言語ゲームと社会理論』より

対応する出来事がありえない場合。これは、「意味」がない、という。たとえば、「この正方形は丸い」など。(意義、意味という用語は、フレーゲと同じである。)

*

こうした対応が可能なのは、命題の内部の構造(言語の側)と出来事の内部の構造(世界の側)が共通だと考えられているからだ。

この共通する構造のことを、ヴィトゲンシュタインは、論理形式(logical form)という(2.2ほか)。

この考えは、ちょっと独特である。

ふつう論理は、思考の規則とされる(つまり、われわれの頭のなかにある)。あるいはせいぜい、数学の内部にある、と考えられる。しかしヴィトゲンシュタインは、世界にも言語にも共通してそなわっている、と主張するのだ。

要素はあるのか

『論考』は、言語(命題)の側にも世界(出来事)

の側にも、これ以上小さく分解できない、“要素”があるという。
そんなものはあるのか。
「このバラは赤い」が要素命題だとする。バラは、それ以上分解できないか。バラは、花びらがあって、トゲがある。細胞の集まりである。その気になれば、もっと分解できる。バラが分解できるのなら、「このバラは赤い」は要素命題だろうか。
要素命題である。たぶん、こう考えるのだ。
人間は、いろいろなモノに名前をつけてきた。そのモノは、もっと分解できるかもしれないが、分解しないままのまとまりで、人間にとって意味あるモノだ。たとえばバラ。そういうモノは、分解しなくていい。だから「これ以上分解できない」要素だ、と考えていい。
言語も、世界も、「分析可能」(分解していくと、要素に行き着く)は、こういう意味である。

一対一対応

第二のポイント。ここまでの議論から、どういうことがわかるか。
「一対一対応」と「要素」。どちらも、集合論の用語である。だから『論考』は、根本のところで、集合論を下敷きにしている(のではないだろうか)。
『論考』が、集合論を下敷きにする書物だと、どういうことになるか。

世界（全体）がそのまま、『論考』という書物（全体である世界の一部分）のなかに、押し込まれてしまうことになる。

ヴィトゲンシュタインは、世界をまるごと、自分の本のなかに閉じ込めてしまおうという野望でもって、『論考』を書いた（のではなかろうか）。

*

全体集合とその真部分集合のあいだに、一対一対応（写像）がつく。これが、無限集合の性質だった。

すると、気になるのは、世界や言語が、無限集合なのかどうか。『論考』の描く世界のなかの出来事や、言語のなかの命題は、無限にあるのかどうか。（無限ならば、無限集合の性質によって、全体のその一部に押し込むことができる。）

『論考』に無限だとは書いてない。でも、有限だとも書いてない。

出来事も命題も、数えきれないくらい、無数にあるのではないか。ということは、無限集合のようなものではないか。

それなら、無限集合のうえで一対一対応を考えたのと同じことになる。

なぜ独我論なのか

そうだとすると、ヴィトゲンシュタインが『論考』で、自分の哲学をなぜ「独我論 solipsism」とよんでいるのか、その理由が思い当たる。

＊

ヴィトゲンシュタインは、ひとりの人間。世界の一部である。『論考』も、世界の一部である。そんなことは、ヴィトゲンシュタインもわかっている。

『論考』のなかに世界が押し込まれる

にもかかわらず。

その世界（可能な出来事の全体）から、言語（可能な命題の全体、つまり、考えうることの全体）に、一対一対応がつけられる。では、言語とはなにか。言語の限界は、私の思考の限界である。言語は、私の思考にほかならない。だから、世界はすっぽりそのまま、私の頭のなかに入ってしまうのである。（これは、ある意味で正しい。）

『論考』は、こうのべている。

《5.6　私の言語の限界が私の世界の限界を意味する。

5.61　（略）思考しえぬことをわれわれは思考することはできない。それゆえ、思考しえぬことをわれわれは語ることもできない。

5.62　この見解が、独我論はどの程度正しいのかという問いに答える鍵となる。

すなわち、独我論の言わんとするところは

まったく正しい。ただ、それは語られえず、示されているのである。
世界が私の世界であることは、この言語（私が理解する唯一の言語）の限界が私の世界の限界を意味することに示されている。》

（野矢訳、114-115ページ）

世界は、哲学（正しく用いられた言語の集まり、たとえば、『論考』という一冊の書物）のなかに、押し込められる。これが本当に可能なら、世界は、ヴィトゲンシュタインの思考（頭）のなかに、すっぽり収まっている。これは論理的な帰結だから、いくら、「ルートヴィヒ、私は君の頭のなかにはいないよ、私と君は別々の人間なんだから」と言ってもだめだ。

こんなかたちの独我論をのべたのは、ヴィトゲンシュタインが世界で初めてだ。

*

この結論は、正しいか？　論理的には、正しいかもしれない。でも世界の理解として、どこかおかしい。あとでヴィトゲンシュタインは、このことを悩むことになる。

前期と後期の共通点

『論考』のヴィトゲンシュタインを、前期のヴィトゲンシュタインという。これに対して、のちに「言語ゲーム」の議論を展開するヴィトゲンシュタインを、後期のヴィトゲンシュタインという。

後期は、前期の裏がえしになっている。特に、数学・論理学に関しては、前期の主張をことごとく自分で反論し、新しい考えで置き換えていく。

*

ところが、前期と後期で共通するところもある。

ヴィトゲンシュタインは、後期の主著『哲学探究』（結局、生前は未刊で終わった）を、『論考』とならべて出版しようかとも考えた。つまり、個々の論点はともかく、『論考』全体の言わんとするところは、本人もよい本だと自信をもっていたのだ。

*

ではその、前期と後期に共通するところとはなんなのか。それを取り出せれば、後期の議論がわかりやすくなるだろう。

それには、『論考』に隠れている謎を、みつけ出して解明することだ。

「だまし絵」をみたことがありますか？　果物が積んであったり、ごくふつうの風景にみえたりするなかに、もうひとつの絵が隠れている。そんな具合に『論考』のなかにも、謎が隠れている。いや、隠れているというのは正確でない。そこに描かれているのに、誰もみつけていないだけなのだ。

ヴィトゲンシュタインは、意地悪なひとではないので、言いたいことを隠したりしない。ただ、彼が当たり前だと思って、説明を省略しているところが、わかりにくかったりする。

そういう謎は、だまし絵のように、目の前にある。でも見つけられないのだ。

*

誰もが認める『論考』の謎。それは、同書の最後の命題、《7　語りえぬことについては、沈黙しなければならぬ。》だろう。

生きたい！

ヴィトゲンシュタインは、前線で死を身近に体験する。そして、死を前にすると、この世界のほんとうの姿に向き合えると感じる。

《たぶん明日、照明灯係に志願し上に登る。その時はじめて私にとっての戦争が始まるのだ。そして、生もまた存在しうるのだ。たぶん死に近づくことが私の生に光をもたらすだろう。神よ我を照らしたまえ。》(1916.5.4)(鬼界、138ページ)

ジュゼッペ・アルチンボルド(1527-1593) のだまし絵

照明灯（サーチライト）係は、望楼のうえの夜間勤務だから、敵の狙撃兵のかっこうの標的になる。危険な任務だ。

＊

ロシア軍の「ブルシーロフ攻勢」（ヴィトゲンシュタインの所属していたオーストリア軍部隊1万6000名のうち、生存者はわずか3500名だった）のときは、こうノートに記している。

《砲撃を受ける。砲撃のたびに私の魂は縮み上がる。私はもっと生きたいとこんなにも思う。》（1916.7.24）（鬼界、144ページ）

生きたいと願い、神に祈るヴィトゲンシュタイン。「天才か自殺か」の、若者にありがちな自負心を抜け出し、ふつうの人間と同じく、前向きに人生をとらえようとする姿勢が、ここにある。

では、神は、『論考』のどこに姿を隠したのか。ヴィトゲンシュタインのこの、世界の価値や意味に関する思いは、どこに消えてしまったのか。

トルストイの『要約福音書』

それには、ヴィトゲンシュタインのいう神とはどんな神か、理解しなければならない。

《私が知っているのは、この世界があるということである。

私の眼が眼の視界のなかにあるように私が世界のな

かにあるということ。
世界についての問題となるものを、私たちは世界の意味とよぶということ。
この意味は世界のなかにあるのではなく、世界の外にあるということ。
生が世界であるということ。
(中略)
生の意味、すなわち世界の意味を私たちは神と名づけることができるということ。
(中略)
祈りとは生の意味についての思想であると。》
(1916.6.11)(モンク『ウィトゲンシュタイン』1巻　150ページ、岡田雅勝訳)

つまり神とは、世界の意味（すなわち、私の生の意味）だという。

*

東部戦線に配属されてしばらくして、ヴィトゲンシュタインはたまたま本屋で一冊の本を買う。トルストイの『要約福音書』である。彼はこれに衝撃を受け、熱心にくりかえし読み、兵士たちから「福音書の男」とあだ名された。
『要約福音書』は、キリスト教の正統教義（三位一体説や復活や、…）から自由に、福音書を読解し、イエスの言葉を通じて神とその救いを考えようとする。ヴィトゲンシュタインは、のちに教師として赴任した村で、《私はキリスト教徒ではないが、福音の使徒である》(『ウィトゲンシュタイン小事典』29ページ)とのべて、村人を驚かせたという。ロシア正教から破門された、トルストイの立場と通じるのだ。

＊

ユニテリアン教会、という一派がある。(ユニテリアン教会はアメリカに多いが、数十年前にユニバーサリスト教会と合体して、いまは、ユニテリアン・ユニバーサリスト教会になっている。)三位一体説を認めず、イエスを神だと認めない。パンとブドウ酒の儀式もせず、洗礼もない。十字架もない。

アメリカでユニテリアン教会の話になったら、「ああ、改宗したユダヤ人が行く教会ね」と言ったひとがいた。たしかに三位一体説をとらないユニテリアン教会の教義は、ユダヤ教、イスラム教に通じるものがある。

『要約福音書』は、どこか、ユニテリアンを思わせる。

＊

『要約福音書』の描くイエスは、神の子でない。世界のなかで、神を求めて信仰に生きる、ひとりの人間だ。

このように考えると、『論考』と(『要約福音書』にいう)神との関係が、少しはっきりする。

ちなみに、トルストイは、こんな無価値な自分は存在しないほうがいいと、真剣に自殺を考えたという。

そのあと、子供のころは素直に神を信じて生きていられたのにと思い返し、福音書を繰り返し読み直して、『要約福音書』をまとめた。こんなところも、ヴィトゲンシュタインと通じるところがあったのかもしれない。

「沈黙しなければならぬ」は、禁止なのか

では《7　語りえぬことについては、沈黙しなければならぬ》をどう考えるか。

ふつうの理解はこうだ。——命題7は、『論考』の行き止まり、哲学の境界を示している。命題1〜命題6までが哲学として正しく主張できること（語りうること）で、それ以外のことを語ってはいけない。だから、十戒のように（１０ではなく7番目だけれど）、その禁止を書きしるしたのだ、と。

*

これはこれで、うなずける。

でもそれだと、命題1〜命題6（『論考』の本体）には、語りうることが明確に語られているわけで、彼があんなに悩んだ、いかに生きるかという問題が抜け落ちてしまう。

そこで、こんなふうに考えられないか。

彼の悩みは、『論考』にすっかり表されている。彼の悩みは、たしかに『論考』をはみ出ているが、同時に、『論考』に収まっている（『論考』に尽くされている）。この点は、さきほどみた、世界と言語（『論考』）

の関係とよく似ている。

彼の悩みは、この世界についての根本的な悩みだ。そのため、自分の個人的な悩みなのか、世界についての哲学的な悩みなのか、区別できない（その区別がない）。

戦争という罪を背負う

『論考』が、第一次世界大戦をくぐりぬけ、戦争を挟んで出版されているのは、重要なことだと思う。

戦争は、神はいないと思い知らされる場所である。（そして、やはり神はいるのだと思い知る場所でもある。）

戦場で、兵士は、自由がない。だから、考えることしかできない。（考えない、という選択を含めて。）

戦争は、人間の罪である。戦争は、一人ではできない。戦争の罪は、同時代を生きる、人びと全体の罪である。ヴィトゲンシュタインは、戦争を経験することで、同時代の罪を背負うことになった。

神のいる場所

『論考』の命題に、なぜどれも番号がついているのだろう。

どの文にも番号がついている本として、まず思い浮かぶのは、『聖書』だろう。（聖書の番号は、後世つけられたものだが、とにかくいまの聖書の章句にはみな番号がついている。）

*

『論考』の主張を、もう一度思い出してみよう。

世界と言語は、一対一対応している。そして、それは、独我論をいみする。——こういう主張だった。

これは「世界は、言語があるようにあり、言語は、世界があるようにある」、ということだ。そしてそれは、「私がここに一人いる」ことで保証されている。

これは、私が、神のような存在であることを意味している。

*

『創世記』の冒頭、神は、言葉で世界を創造する。

『ヨハネ福音書』は、《はじめに言葉があった、言葉は神とともにあった、言葉は神であった》という。

それなら、言語が、世界と一対一対応しているのは当たり前である。『論考』は、世界の創造主である神が、世界と言語をみたらどうみえるかをのべた書物、と考えることもできる。

*

また、こうも考えられる。

最初の人間アダムは、世界を命名する。

《主なる神は、野のあらゆる獣、空のあらゆる鳥を土で形づくり、人のところへ持って来て、人がそれぞれをどう呼ぶか見ておられた。人が呼ぶと、それはすべて、生き物の名となった。人はあらゆる家畜、空の鳥、野のあらゆる獣に名を付けた》(『創世記』2:19-20

新共同訳）

この時点では、人間はアダムひとりしかいない。神もひとりしかいない。世界と言語が正しく対応するのは、こうした「独我論」の舞台でなのだ。

＊

『論考』は、言語の正しい使い方をのべている。

最後の命題7が、十戒のように、それ以外の言語の使い方を禁止しているのは、それ以前の部分が、「こう言葉を使え」という命令であることをはっきりさせるためだ。

命題1〜命題6は、「言語と世界は対応する」ということ（事実をのべたものとみえる）が書いてあるわけだが、それは実は、「言語と世界が対応するように言葉を使え」という命令なのだ。

＊

だが、ヴィトゲンシュタイン自身は神ではない。

一人の人間にすぎない。

人間にとって最大の罪は、自分が神のような存在だと思い上がることだ。『論考』を書いたヴィトゲンシュタインがやったのは、これに等しいことである。だから、彼は、罪を背負って、哲学の（エデンの）園から放逐されたのではないか。そして、放浪の末に、元の場所（ケンブリッジ大学）に戻っていくのではないか。

イエスのおもかげ

神であるのに、一人の人間でもある。

これは、イエス・キリストの性質である。

そこで、ヴィトゲンシュタインの悩みは、周囲の人びとに、どこかイエス・キリストの苦悩と似たものにみえてくる。

放浪の時代、姉の家（ストロンボー邸）の建築をまかされた彼は、いわば大工だったわけだが、思えばイエスも大工だった。（さらに言えば、イエスは、教師でもあった。ヴィトゲンシュタインも教師になった。イエスは、かずかずの奇跡で人びとを癒した。ヴィトゲンシュタインの哲学は、治療的態度だといわれる。イエスはパリサイ人と激しく論争した。ヴィトゲンシュタインも、それまでの学者の間違いを指摘する、論争の激しさでは負けてはいない。）

*

だがもちろん、彼は、イエス・キリストであることを禁じられている。それは、彼が、神ではないから。そして、もうひとつ大事な点だが、彼がユダヤ人だから。

『論考』は、世界と言語に関する、もう一冊の聖書のような書物なのである。それを書いたヴィトゲンシュタインが、キリスト教文明のヨーロッパ社会のなかで、自分の居場所をみつけられないのは当然だ。

*

ユダヤ人は、ヨーロッパ社会で差別され疎外されている。ユダヤ教は、創造主である神を信じる。でも、イエスが、神の子だとは認めない。だからイエスを十字架にかけたのだろうと、非難されたりする。

ヴィトゲンシュタインの『論考』は、そのユダヤ人らしさを、ありありと映し出すものになっているような気がする。

不思議な沈黙

さて、その先を、こんなふうにも考えられる。

『論考』の主張は、こうである。

命題1～命題6：世界と言語とは、一対一に対応している。(a)

命題7：そのこと以外、のべてはならない。(b)

この主張を、正しいものとしよう。

では、(a)の主張（をのべる文）それ自体は、世界に属するのか、それとも、言語に属するのか。

みたところ(a)は、命題だから、言語に属するようにみえる。しかし、(a)の内容は、世界と言語の関係についてのべている。それに対応する出来事を、世界のなかにもたない。だから、(a)がのべる、言語に属するとは言えない。

かと言って、(a)が、世界に属する（世界のなかの出来事である）わけでもない。(a)は、世界と言語の関係についてのべる、メタ言語なのだ。

＊

とすると、(a) の主張は、命題７の禁止 (b) に違反していることにならないか。

命題７は、『論考』の最後で、命題1〜命題６以外のことをのべてはならない、という禁止をのべていると理解できた。しかし、命題1〜命題6、すなわち、『論考』の本体そのものが、命題７の禁止に違反している、というふうにも理解できる。

命題７が意味をもつためには、命題１〜命題６がのべられなければならないが、命題７がのべられると、そのとたんに命題１〜命題６は無効（違反）になり、消しゴムで消されるように消されてしまう。そういう不思議な構造になっているのである。

ヴィトゲンシュタインが、『論考』を書いたあと、哲学をやめ、哲学から締め出されたのは、このような『論考』の不思議な構造のせいかもしれない。

＊

ヴィトゲンシュタインは、なぜ『論考』の最後に、命題７をつけ加えたのだろうか。

命題７があるのとないのとでは、『論考』はまったく別の書物になる。そのことを、彼はわかっていたのか。そのことについて、なぜ彼は何ものべていないのか。

これもまた、『論考』の謎である。

何ものべていないのは、のべなくてもわかると考えていたからだろう。

そこで、こんなふうに考えられる。

ヴィトゲンシュタインは、『論考』を、これまでの間違った哲学にふりかける、消化薬のようなものだと考えていた。(『論考』そのものが、治療的態度の産物だ。) ちょうど、「……なおこのテープは、自動的に消去される」とのべる録音のように、『論考』そのものも、読まれたあとに消滅すべき書物として書かれている。彼が、「哲学の問題が解決したから哲学に興味を失った」のは、『論考』が「完全に書かれた哲学の書物」だからではなく、「これまでに書かれたすべての哲学の書物がどう間違っているかを完全に示す書物」だからだ。

そのことを、彼は十分に意識していた。最後につけ加えられた命題7は、「……なおこの書物は、自動的に消去される」なのである。

＊

皆さんにも経験があるでしょう。教室ががやがやうるさい。誰かが立ち上がって、「うるさい、静かにしろ！」と大声でどなる。(うるさい教室でみんなに聞こえるのだから、実は、彼がいちばんうるさい。) でも、みんなが、なるほど彼の言うとおりだと思って、静かにすると、どなった彼も、もう声を出すことができない……

＊

こうやって、哲学の舞台から姿を消すこと。そういう暗示をこめた、命題7をピリオドのようにつけ加えて、『論考』は閉じられている。

第5章
放浪の果てに

ドイツの戦歿者墓地（第一次世界大戦）

『論考』出版される

戦場から戻ったヴィトゲンシュタインは、『論理哲学論考』の完成原稿を手にしていた。

ラッセルは、無名のヴィトゲンシュタインのために版元を探し、序文も書いてやった。おかげで『論考』は、大手の Routledge and Kegan Paul 社から、１９２２年に出版される。

『論考』は、出版と同時に、大きな反響を巻き起こ

す。その影響を受けて、論理実証主義（logical positivism）という運動が起こり、ウィーンにはヴィトゲンシュタインをリーダーと仰ぐウィーン学団もうまれた。

＊

だが、それとうらはらに、ヴィトゲンシュタインは哲学に対する情熱を急速に失っていく。

それはなぜだろうか？

戦場から帰還した兵士の、虚脱症（適応障害）だったのかもしれない。

大作を書き上げたあとの、脱力スランプという面もあるだろう。

『論考』がこれまでの哲学の問題をあらかた解決したので、もう考えるに値する問いは残っていないと感じたから、ともいう。

これまでの哲学が「病気」だと、ヴィトゲンシュタインは考えていた。言語の用法が間違っており、問題を正しく考えられないからだ。多くの問題は、言語の用法が正しくなれば、雲散霧消する。『論考』は、言語の正しい用法を示そうという、「治療的態度」で貫かれている。

また、彼の抱えていた人生の疑問が、哲学によっては解決されないと考えたから、ともいう。

*

でも、哲学をやめたからといって、ほかに何かやることが見つかるわけでもない。ヴィトゲンシュタインは、至るところに戦争の傷痕の残るすさんだヨーロッパを、糸の切れた凧のように、孤独にさまよった。

小学校の教師になる

ヴィトゲンシュタインは、哲学をやめたあと、代わりに、なるべくひとの役に立つ仕事をしたかった。

そこで、教師をやろうと決意する。

ケンブリッジからオーストリアに戻って、教員養成学校に通ったあと、田舎で小学校の教師になった。でも、熱心に授業をしすぎて、わかりの悪い生徒をどなりつけたり、体罰を加えたりしたというので、親ともめてしまう。結局、辞めるしかなくなった。

こうして、三つの学校を転々としたあと、教師を続けることをあきらめる。

*

そのあと、修道士になろうとして断られ、修道院の庭師の手伝いをしていた時期もあった。

嫁いだ姉のマルガレーテが自宅を新築するというので、設計から施工まで、まる2年かかり切りになったこともあった（竣工は1928年)。(この「ストロンボー邸」のことは、あとでまた話そう。)

でも、建築がすめば、またやることがない。ヴィトゲンシュタインは、自分の居場所をみつけられないまま、相変わらず悩み続ける。
こんなふうに、模索の１０年が過ぎていった。

哲学をやめ、哲学を生きる

ヴィトゲンシュタインはいったい、何をしていたのだろう。

＊

『論考』を書いたあとのヴィトゲンシュタインは、「哲学がなくなったあとの世界で、哲学を生きる」を忠実にやっていた。
命題７の禁止を書いたヴィトゲンシュタインは、自分自身が、その禁止を忠実に守ろうとした。命題７の禁止に違反する『論考』（命題１〜命題６）を書いてしまったからには、そのあともう、哲学の文章を書くことができない。だから、「哲学なし」を生きる。でもそれは、同時に「哲学を生きる」でもある。
そんなことをするのは、そしてできるのは、世界中でヴィトゲンシュタイン一人しかいない。そのことを『論考』の読者やヴィトゲンシュタインの信奉者を含めて、誰かが理解した様子もない。これほど孤独なことがあるだろうか。

＊

だから、ヴィトゲンシュタインが哲学に復帰するのは、『論考』の誤りをみつけ、「世界と言語とは、一対一に対応している」のではないかもしれない、という形を、どうしてもとる。

ヴィトゲンシュタインは、命題7の禁止に従っている。命題7の禁止（b）がとけるのは、その前提である、命題1〜命題6の主張（a）が、成立しなくなる場合に限られる。

実際、前期から後期にかけての彼の思索は、そのように進行した。「まだ自分には、哲学をする余地が残っているかも」、と彼が考えたのは、「『論考』に不完全なところがあるから、それを完全にしよう」ではなくて、「『論考』に不完全なところがあるから、命題7の禁止が無効になるので、じゃあ哲学を続けられる」なのだ。（橋本治さんの言い回しを、いいなと思って、ちょっと真似してみました。）

*

『論考』（独我論）にとらわれている限り、ひとは生きることができない。生きるとは、他者とともに歩むことだからだ。

『論考』の写像理論から解き放たれたヴィトゲンシュタインは、生き始める。そして、言語ゲームのほうに向かって少しずつ歩み始める。

要素命題は存在しない

ヴィトゲンシュタインは、『論考』を批判し、前期の主張を自らくつがえしていく。

それは、まず、要素命題など存在しない、という反論になる。たとえば、

Th.「このバラは赤い」は、要素命題ではない。

「このバラは赤い」は、これ以上単純にできない、要素命題のようにみえる。

ところで、赤いのなら白くはない。黒くもない。色とはそういうものだ。スペクトルのように対象にあてがって、そのどれであるかをいう。つまり、「このバラは赤い」が真なら、「このバラは白い」は偽。「このバラは白い」が真なら、「このバラは赤い」は偽、である。

どういうことか。

「このバラは赤い」が要素命題なら「このバラは白い」も要素命題であろう。その二つの、いっぽうが真ならもういっぽうは偽となる。つまり、その真偽は独立でない。要素命題は、その真偽（世界のなかでその出来事が成立するかどうか）が独立に決まるもの、とヴィトゲンシュタインは考えていた。真偽が独立に決まらないのなら、それは、要素命題ではなくなる。

＊

要素命題が存在しない、とはどういうことか。

それは、『論考』の主張「世界と言語とは、一対一に対応する」が成り立たなくなることである。

言語は、世界と対応するわけではないのだ。

言語は、世界と対応することで、その正しい意味を保証されるわけではないのだ。

この結果、命題７（語りえぬことについては、沈黙せねばならぬ）の禁止がとける。

そして、哲学（正しい言語のあり方）と、それ以外の言語のあり方との境界が決壊して、さまざまな言語のあり方があふれることになる。ヴィトゲンシュタインは、それらについて、順番に語りはじめる。

＊

世界と対応するタイプの言語が、なくなったわけではない。たとえば、科学の言語は、世界と対応する言語の代表だろう。でも、それ以外のあり方をする言語が、いろいろあることがはっきりした。では、それら言語の意味を、一般的に成り立たせている原理は、なんだろうか。

これが、後期のヴィトゲンシュタインが取り組むことになる課題だった。

言語はさまざまに用いられる

言語の用法には、さまざまなものがある。

世界と一対一に対応し、世界にどのような出来事が成立しているのかを記述するタイプの言語のほかに、もっとさまざまな用法がある。

ヴィトゲンシュタインのこうした洞察をもとに、さまざまな言語の用法を具体的に研究する、「分析哲学 analytical philosophy」が発展した。分析哲学は２０世紀後半の英米哲学の主流である。

＊

その流れでJ・L・オースティン（John L. Austin 1911-1960）の発話行為論（Speech Act Theory 発語行為論ともいう）も注目できるだろう。

オースティンは、『言語と行為』（1962）で、言語の用法をつぎの6つに分けている。

（1）事実陳述型
（2）判決宣告型
（3）権限行使型
（4）行為拘束型
（5）態度表明型
（6）言明解説型

事実陳述型の文は、世界を記述する（つまり、これまで伝統的な哲学が扱ってきたタイプの言語だ）が、それ以外にも言葉の使い方がある。たとえば判決宣告型や権限行使型の文は、いわゆる執行文（performative sentence）で、発言することで世界に出来事をうみだす。こうしたアイデアも、元をただせば、ヴィトゲンシュタインから出ていると言えるのだ。

存在と規範

ここで、もうひとつの『論考』の謎について、考えてみることにする。

『論考』を読むと、つぎのように、事実をのべる命題と、規範をのべる命題が、分かれていることがわかる。

命題１～命題６：「……であ
命題７：「……すべし」（規範

これは、ヨーロッパ哲学の伝
みえる。事実（Sein）と規範（
ーロッパ哲学の伝統だ。カント
みに、命題７は、ドイツ語では

Wovon man nicht spreche
man schweigen.

ところが、前章のうしろのほ
考』はむしろ、こうした伝統を
なぜなら、命題７のいう「語
の命令（禁止）は、「語りうる
場合に意味をもつが、「語りう
命題６にほかならないから。つ
は、事実命題にみえるが、「そ
命令（規範命題）だと考えなけ
命題１～命題６は、事実命題
題である。命題７がつけ加わる
うはっきりしている。

＊

ここから言えるのは、どういうことか。
世界と言語とが、一対一に対応するという主張は、
「……である」という事実命題のかたちをしているが

「……であるべきだ」という規範的主張だった。その一対一対応が成り立たなくなっても、「……であるべきだ」という規範の部分が残る。言語をどのように使うのが正しいことなのかという、規範を求めるモチーフが残るのだ。

ことばを、ものと結びつける

だからヴィトゲンシュタインは、言語と世界とが一般に対応しないのなら、では、個別に対応させることはできないかと、まず考えてみた。

その試みのひとつが、直示的定義だ。

*

言葉の直示的定義（deictic definition）とは、世界との対応が見失われた言葉（名詞なら名詞）を、個々の事物と結びつけることで、対応させよう（その意味を定義しよう）とする試みである。

こんなふうにする。

いま、「机（つくえ）」という言葉（名詞）の意味が、わからなくなっているとする。そこで、その言葉で指し示したいモノ（机）をひとつ持ってきて、それを指さし、「これが「机」だ」、と定義する。（この指さすことを、直示という。）

ヴィトゲンシュタインは、直示的定義が言語を基礎づけることができるかどうか、いろいろと考えたあげく、無理だと結論する。

どうしてかと言うと、この定義のやり方では、いったい何を定義しているのか、はっきりさせることができないのだ。

たしかに「机」と思われるモノを、ひとつ持ってきて、「これが「机」だ」と定義した。でも、このモノのなにを、「机」と定義したのか。その形だろうか。その表面の色つやだろうか。その大きさだろうか。その材質だろうか。いったい何だろうか。

この世界にはいくつも机がある。「机」という言葉は、その全部を指さなくてはならない。つまり「机」は、机を机たらしめている、その本質を指し示す必要がある。たったひとつの机を持ってきて、机の本質を議論の余地なく表すことは可能だろうか。

不可能だ。

だから、直示的定義は、一般に不可能である。もしも可能だとすれば、それは、定義をする場合に、なにが机なのか、定義する当人にも、その定義を受け止めるそのほかの人びとにも、もうわかっている場合だろう。だが、机が何かもうわかっているのなら、なにもわざわざ、直示的定義をする必要はないだろう。

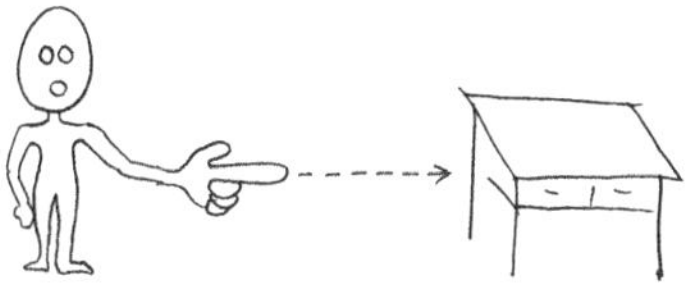

直示的定義

ことばの見本

ほかに、ヴィトゲンシュタインは、標本による方法も検討している。「色見本」で、色を定義するやり方だ。

いま、「赤」と言っても、どんな色かがわからないとする。そこで、赤いモノを見つけ、その色を「赤」と定義する。（直示的定義の場合と違って、色を定義しているので、何を定義しているのかの混乱は起こらない。）このモノを、「色見本」という。「赤いリンゴを買ってきてね」と言われたら、色見本をもって出かけ、照らし合わせて、リンゴが赤いことを確かめて、買えばいいのだ。

*

問題はと言えば、「色見本」の色が褪せること。その場合、「色見本」の考え方によれば、褪せたその色が「赤」と呼ばれなければならない。（いや、色が褪せたと言ったのは正確でない。「色見本」以外の赤が濃くなった、と考えるべきなのだ。）

「色見本」の考え方は、このように、不自然だ。

もっとも実際に、言葉を、「色見本」のように使う例がないわけではない。たとえば、メートル法。メートル原器という見本をつくり、その長さを１メートルと定義した。メートル原器が伸び縮みすると、同様の問題が起こる。

「色見本」みたいなやり方を「言語のメートル法」とよぶことにしよう。

*

直示的定義や「言語のメートル法」に無理があるのは、個別のもの（たった一個）を足場にして、言葉の用法を決めようとする点である。

名詞は、モノの名前だ。名前は、いくつもあるモノ（たとえば机）の、どれも指すことができなければいけない。どの机にも共通するなにかを、「机」という言葉が指すはずで、それなのに特定の机をひとつだけ持ってくるところが変である。

では、どうすればいい。

いろんな机を持ってくればいい。

これが「言語ゲーム」のアイデアだと、私は思う。

ヴィトゲンシュタイン・ハウス

私が一度だけ、ウィーンに行ったときのこと。

スケジュールの合間に、3時間だけ時間が空いたので、タクシーに飛び乗り、かねてうわさに聞いていたヴィトゲンシュタイン・ハウス（旧ストロンボー邸）をたずねた。

ヴィトゲンシュタイン・ハウスは、ウィーン旧市街の、住宅地の一角にあった。

ウィーンには、古い建物がたくさん残っている。どれも石造りで、いたるところに飾りがついていて、きれいだ。でも、同じような建物を何日か見ていると、だんだん飽きてきて、もう少し変わったものを見たくなる。ヴィトゲンシュタインが、飾りを全部とっぱらった、単純そのものの家を建てたくなった気持ちがわかるような気がする。（この点では、ヒトラーが愛好した「ドイツ風」の家具や建築も、ヴィトゲンシュタインと通じるものがある。）

写真は、東京工業大学で「はじめての言語ゲーム」という授業を受けていた学生の乗藤紘吏君が、私につくってくれたもの。ヴィトゲンシュタイン・ハウスの１／１００の模型である。

ヴィトゲンシュタイン・ハウスは、ユーゴスラビアの文化センターになっていたが、見学させてくれた。天井が高く扉も大きく、ドアノブが私の肩ぐらいの高さである。真鍮のノブの微妙なカーブを見ていたら、それはヴィトゲンシュタインが図面を描き、工場まで仕上げを見に行って作らせたのだと教えてくれた。

ウィーンでみたヴィトゲンシュタイン・ハウスは、どこかほっとする建物だった。

石工とその助手

言語ゲームとはどんなものだろう。

ヴィトゲンシュタインがあげているのは、つぎのような情景だ。

Let us imagine a language … . The language is meant to serve for communication between a builder A and an assistant B. A is building with building-stones : there are blocks, pillars, slabs and beams. B has to pass the stones, and that in the order in which A needs them. For this purpose they use a language consisting of the words "block", "pillar", "slab", "beam". A calls them out; －B brings the stone which he has learnt to bring at such-and-such a call. ——Conceive this as a complete primitive language.

（*Philosophical Investigations* §2）

《…さて、ある言語を考えてみよう。この言語は、石工Aとその助手Bの、コミュニケーションのための言語だ。Aは、石材でなにかを建てている。石材にはブロック、柱、タイル、梁《はり》、がある。Bは、Aが使う順番に、石材を持っていかなくてはならない。このため、二人は「ブロック」「柱」「タイル」「梁」の4語からなる言語を用いる。Aが怒鳴ると、Bはそういうふうに怒鳴った場合の石材をもっていく。これを、完全に原初的な言語と考えてみよ。》（『哲学探究』§2）（橋爪訳）

人間は2人だけ、言葉は4語だけ。これ以上、ちょっと簡単にできそうにない状況だ。つまり、「もっとも原初的な言語ゲーム」である。

*

さて、ここで「石工」（the builder）と訳したが、よく「建築家」と訳したりしてあったりする。「建築家」ではしっくりこない。

builderとは現場で、石を使って建物を建てるひと（家づくり）のことである。

「マタイによる福音書」21章42節にはこうある。

Jesus saith unto them, Did ye never read in the scripture, The stone which the builder rejected, the same is become the head of the corner：this is the Lord's doing, and it is marvellous in our eyes.（King James Version）

Jesus said to them, "Have you never read in the scriptures：'The stone that the builders rejected has become the cornerstone, this was the Lord's doing, and it is amazing in our eyes.'（New Revised Standard Version）

《イエスは言われた、「聖書にこう書いてあるのを、まだ読んだことがないのか。
『家を建てる者の捨てた石、
これが隅の親石となった。
これは、主がなさったことで、
わたしたちの目には不思議に見える。』》（新共同訳）

イエスが「読んだことがないのか」と言う聖書の箇所は、『詩篇』118章22-23節である。「家を建てる者の退けた石が／隅の親石となった。／これは主の御業／わたしたちの目には驚くべきこと。」

石工とその助手は、あるいは、神（主）とその助手（イエス）で、壊れたエルサレムの神殿を建て直しているところ（かもしれない）。

あるいは、隅のかしら石を捨ててしまう、だめな家づくりとその助手なのかもしれない。

ヴィトゲンシュタインが、聖書のこの箇所を意識しないで、石工（the builder）とその助手のエピソードを『哲学探究』の冒頭にもってきたなんて、考えられないと思うがどうだろう。

第6章
言語ゲーム

1929年ごろのヴィトゲンシュタイン

１５年ぶりのケンブリッジ

３９歳のヴィトゲンシュタインがケンブリッジに戻ったのは、１９２９年早春のことだった。さいわい奨学金をもらえることになり、トリニティ・カレッジに落ち着く。

『論理哲学論考』により、博士号も授与された。

やがて彼は、若い学生たちを相手に、自室で、私的な勉強会を開くようになる。これが伝説的な、ヴィトゲンシュタインのセミナーだ。

*

セミナーは、緊張がピンと張りつめていた。

ヴィトゲンシュタインは、ぶつぶつと自問自答するかと思えば、今度は黙りこみ、「自分はなんとバカなんだ」と叫ぶ。難問と格闘し苦悩するさまを、学生たちの前にさらけ出した。

扱うテーマは、言語をめぐるさまざまの「哲学的」な話題。やがて、その内容をまとめたノート（表紙の色によって、青色本とか茶色本とかよばれる）が回覧されるようになり、セミナーの場にいない人びとの間にも、後期のヴィトゲンシュタインのアイデアが少しずつ知られるようになっていく。

ヴィトゲンシュタインは、思索の内容を本にしようと、原稿に繰り返し手を入れていた。だが、生前は出版されず、１９５３年に遺稿として出版される。これが『哲学探究』（後期の主著）である。これによって「言語ゲーム」のアイデアが広く知られるようになった。

*

ヴィトゲンシュタインは、『探究』のほかにも、多くの遺稿や講義録を残している。彼は、ドイツ語と英語の両方でメモや原稿を用意した。さいわい、かなりの部分が日本語に訳されていて、手軽に読むことができる（『ウィトゲンシュタイン全集』大修館書店、全10巻、補巻2巻）。

不思議な文体

『哲学探究（独 *Philosophische Untersuchungen*, 英 *Philosophical Investigations*）』（以下『探究』）は、『論考』よりもっと読みにくいかもしれない。

全体が、数多くの断片からなるのは、『論考』と同じ。でも、断片は、長めのが多い。そして、番号がついて枝分かれ構造になっているかわりに、ただずらっと並んでいる。どこからどこまでがどんな主題を扱っているのかはっきりしない。変わり玉（なめるとだんだん色の変わるあめ玉）のように、なるほどと思って読んでいくと、いつのまにか、つぎの話題に変わってしまう。その繰り返しなのだ。

文章も、自問自答になっていたりする。ある断片と別の断片とでは、矛盾するようなことが書いてある。『探究』の文章を一行ずつ読んで、どこにヴィトゲンシュタインの「真意」があるのか探ろうとしても、頭が痛くなるばかりである。それが置かれたコンテキスト（前後関係）を考え、意味を汲み取らないといけない。

超テキストを読む

この意味で、『探究』の文章を、“超テキスト”と言おうと私は思う。

超テキストは、道路の脇の板塀にあいたスリットのようなものだ。あるスピードで通っていくと、スリットの隙間から、その向こう側に像が浮かびあがってくる。でも、もっとよく見ようと立ち止まると、その像は見えなくなる。見えるのは、板塀の板と隙間だけ。テキストの字面（文字通りの意味）にこだわりすぎてはだめなのだ。

なぜ『探究』は、こんな不思議なつくりなのか。

それは、そうなるのが必然だから。『論考』の命題の並べかたもそうだったが、『探究』の場合も、言語ゲームのアイデアをのべるのに、それしかない文体なのだ。

言語ゲーム・その例

「言語ゲーム」（独 Sprachspiel, 英 language game）という言葉が使われるようになったのは、１９３４年ごろだ。そのアイデアは次第にふくらみ、後期のヴィトゲンシュタインの中心思想となった。

「言語ゲーム」ときくと、言葉を使ったなぞなぞのパズルや、言葉あそびのようなものをイメージしそうだ。実際には、言語に関係なくてもよい。ドイツ語の Spiel は、英語の play（遊戯、劇）と似た意味である。

では、言語ゲームとはなにか。ひとことで定義すると、

言語ゲーム：規則（ルール）に従った、人びとのふるまい

である。

これだけでは、わかりにくいかもしれない。

かみくだいて説明しよう。第５章に続き、「机」をまた例にする。

＊

「机」と言えば、だれだって、ああ机のことね、とわかる。これは、なぜなのか。

あんまり当たり前で、ふだんそんなことを、考えたりしない。でも、いざ説明しようとすると、これはけっこうむずかしいことなのだ。

机がなにかを、言葉で説明したらどうか。でも、基本的なことほど、うまい定義をみつけるのがむずかしい。それに、定義に使った言葉（たとえば、板とか脚とか）を、もう一回説明して下さいと言われてしまいそうだ。（その説明を続けていくと、ぐるぐる回りになる。）

では、言葉で説明するかわりに、机の実物を持ってきて、「これが机です」と定義したらどうか（直示的定義）。これも、うまくいかなかった。

『論考』は、机（モノ）と「机」（名前）は対応する、としていた。でも、なぜなのかは、まったく説明していない。

＊

「机」のような簡単な言葉の、意味がなぜ通じるのかわからないとすると、そもそも、人間はどうやってお互いの言葉を理解しているのかが、疑問になってくる。

これはなかなか、哲学的な大問題ではなかろうか。

言語ゲームが“わかる”

この問題を、後期のヴィトゲンシュタインは、こんなふうに考える。

「机」という言葉を使う、言語ゲームがあります。それをみているうちに、わかるようになるのです。

どういうことだろう。

＊

誰か（Aさんとする）が、机はなにか、わかっているとする。

あなたが、机がなにか、わからなかったとする。

そこでAさんは、いろんな机を順番にもってくる。これも机。これも机。どの机も、ちょっとずつ違っている。形が違う。脚の数が違う。大きさが違う。色が違う。材料が違う。……。でも全体として、どこか似ている。（これを「家族的類似」という。どっかの家族みたいに、なんとなく互いに似ているのだ。）それを順番に見ていくうちに、あなたはやがて、机がなに

（6a）

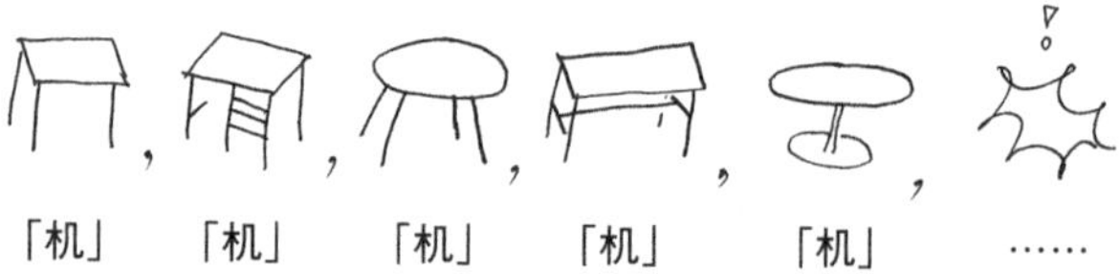

かを理解する。そして“わかった！”と叫ぶ。

わかってしまえば、もうそれ以上、机を持ってきてもらう必要はない。

なぜ、わかったのか。

それはわからない。とにかくわかった。では、机とはなにか。説明できるとは限らない。定義できるとは限らない。

……（以下同様）

この例は、言葉というものの本質に触れている。

「机」という言葉は、この世界にある、数えきれないたくさんの机を意味している。けれども、「机」の意味を理解するのに、そんなにたくさんの「机」を見る必要はない。私たちは有限個の、それも、ごくわずかの机を見るだけで十分なのだ。

有限個（ごく少数）をみるだけなのに、数えきれない場合にあてはまる規則（ルール）を理解する。こういう、なんとも不思議な能力によって、人間は言葉の意味を理解する。

この能力こそ、人間が人間であることの根本ではなかろうか。

＊

（６a）の「……」の部分は、それ以上もう実例をあげなくてもよいこと、すなわち「以下同様 and so on」を意味している。なにかができるようになる（なにかを理解する）とは、いちいち教えてもらわなくても、自分でその先をいくらでも続けていける、ということだ。

「……」は、“わかった！”、つまり、あとは「以下同様」(それ以上、言ってくれるな)、ということを示している。「机」がなにを意味するか、そのルールを理解したわけだ。

できることと、説明すること

ここで、大事なこと。

「ルールを理解する」のと、「ルールを記述する」のは違う。

「机」なら「机」という言葉の、意味がわかることと、定義できることは違う。

小さい子は、言葉を自然に使えるようになる。でも「言葉を定義してごらん」とか「文法を説明してごらん」とか言われても、説明できない。

なにかを理解したり、なにかができたりすることのほうが根本で、それを説明することのほうは、二次的(派生的) である。

*

私たちが言葉を話せるようになるのは、言葉を理解したからであって、文法を教わったからではない。言葉の文法はあとから教わった。(それに、そもそも言葉がわからないと、文法を教わることができない。)

これは、言語ゲームの重要な性質である。

たし算をならう

同じことを、別な例で説明してみよう。

私たちは、たし算をどのように習ったろうか。

（6b）　1＋1＝2

2＋3＝5

3＋6＝9

4＋9＝13

……

たし算の計算を、適当に並べてみた。

この順番のとおりに習ったひとは、たぶんいないだろう。でも、たし算を習うとは、要するにこれに似たようなことだ。つまり、

1）いくつか実例をやってみる。
2）そのうち、理解する（“わかった！”）。
3）もう実例は必要なくなる（＝「以下同様」）。

＊

なぜ、いくつか実例をやっているうちに、たし算を理解できるのか。それは、わからない。説明もできない。ただ、みんなそうやって理解する、としか言えない。

ルールを理解することが、もうこれ以上さかのぼれない、もっとも根本的な出来事だ。――言語ゲームの

アイデアは、この発見にもとづいている。

社会は言語ゲームである

ここで、社会を見渡してみよう。

人びとは、言葉をしゃべっている。「机」も、そうした言葉のひとつ。言語は多くの言葉からなり、それぞれの言葉が意味をもっている。

それ以外に、人びとはさまざまにふるまっている。畑をたがやす、食事をする、服を着る、子どもを育てる、葬式をする、……。それらにも、規則（ルール）がある。

こうしたことが、みな、言語ゲームである。

社会は、言語ゲームのうず巻きである。

言語ゲームは、私たちが言葉を用いることを可能にし、私たちが住むこの世界を成り立たせていることがらそのものである。

*

社会は、言語ゲーム（の集まり）であること。

それを示そうとしたのが、『探究』の有名な、「石工とその助手」の言語ゲーム（以下、ゲームと略すこともある）である。

石工と助手のゲーム

二人が、何かやっている。

そこを、私が通りかかる。

何をやっているのだろう。しばらく様子をみているが、何をしているのかさっぱりわからない。
一人（石工）がなにかどなると、もう一人（助手）が、あわてて何かを持っていく。また何かどなると、また何かを持っていく。
ずっとみていると、だんだん、二人が何をしているのか、わかってくる。「ブロック」「柱」「タイル」「梁」の４種類の石材があること。二人は、石工とその助手で、石工が石材の名前（４つのどれか）をどなると助手がその石材を持っていくこと。二人はそうやって、何かを建築していること。……。

*

最初、『探究』のこの箇所（参考のため、前章の末尾に載せておいた）を読んだとき、なんて当たり前のことが書いてあるんだろう、と思った。ルールといっても、あまりにも簡単なルール。しばらくすれば、誰にだってわかる。何が言いたいのか？
これを、実際にこういうことがありましたという話のようにとると、そういう印象になる。でも、この話

石工とその助手の言語ゲーム

には、もっと深い奥行きがある。

*

「石工とその助手」の言語ゲームは、この世界（社会）のモデルなのである。それは、最単純の世界（社会）モデル（the simplest model of the world（or society））なのだ。

これを、「２人４語ゲーム」とよぼう。（「２人２語ゲーム」のほうがもっと簡単だが、それをわざと４語にしてあるのが、ヴィトゲンシュタインのセンスのよさである。）

さて、この人数を増やし、言葉も増やして「Ｎ人ｎ語ゲーム」にしたらどうか。それこそ、私たちの世界（社会）そのものではないか。

Ｎ人の人びとが、ｎ語を用いて何かゲームをしている。そこを、私が通りかかる。いったい彼らは、何をしているんだろう。そう思って、見ているうちに、だんだん、何をやっているのか、わかってくる。そして私も仲間に入れてもらう。

*

人間は誰でも、もう世界が始まっているところに、遅れてやってくる（幼児として生まれる）。はじめ、この世界がどんなルールに従っているのか、ちっとも理解できない。でも、それを見ているうちに、だんだんわかるようになる。——これが私たちに共通する、この世界についての根源的な体験ではないだろうか。

そういうわけで、「石工とその助手」の言語ゲームは、この世界のあり方を、これ以上ないほど適切・単純にモデル化しているのだ。

ルールが意味を基礎づける

言葉はなぜ、意味をもつのか。

言葉はなぜ、世界のなかの事物を指し示すことができるのか。

それは、言葉が、言語ゲームのなかで、ルールによって事物と結びつけられているからである。

そのことは、どうやって保証されるか。

そのことが、それ以上、保証されることはない。人びとがルールを理解し、ルールに従ってふるまっていること。強いていえば、それだけが保証である。

*

このように考える『探究』は、「言葉は、なぜ意味をもつのか」という問いに対して、『論考』と違ったもうひとつの解答を与えている。

『論考』はその問いに、「言語と世界とは、一対一に対応する」から、と答えた。ではなぜ、一対一に対応するのか。その対応は、説明されない。ただ、前提されるだけだった。

『探究』はその問いに、「人びとが言語ゲームをしている」から、と答える。言語と世界との対応は、言語ゲームのなかでうみ出されるのだ。ではなぜ、人びとは言語ゲームをすることができるのか。それは、説明の必要がない、出発点である。

＊

前期のヴィトゲンシュタインは、『論考』の「言語と世界とは、一対一に対応する」という写像理論でもって、言葉が意味をもつことを根拠づけようとした。後期のヴィトゲンシュタインは、写像理論でなしに、言語ゲームをその根拠として発見した。

言語ゲームは、理論ではない。この世界の基本的な事実である。だから彼は「考えるな、見よ」と言う。見れば、その事実はわかるのだ。

感覚と言語ゲーム

言語ゲームの構想をふくらませつつあった時期（前期と後期の中間なので、中期というひともいる）、ヴィトゲンシュタインは、言語の用法に注目した。（用法のことを、彼独特の用語で、「文法」という。）

言葉の用い方が、言葉の意味をうみ出す、という考え方だ。

＊

さて、机のように、また4種類の石材のように、世界のなかに存在する事物を指し示す言葉は、わかりやすい。

けれども、言葉のなかには、内面（感覚や感情）を指し示すものもある。このような言葉は、どのようにその意味をもつのであろうか。

色（の感覚）について、『探究』のなかに面白い考察がある。

あるひと（Aさん）は、空が青く視える。リンゴが赤く視える。そして、空を「青」、リンゴを「赤」というと習った。

別なひと（Bさん）は、空が赤く視える。リンゴが青く視える。そして、空を「青」、リンゴを「赤」というと習った。

さて、このAさんとBさんが話をするとして、二人は互いの感覚がさかさまになっていることに、気づくだろうか。

二人は空を見る。Aさんが、空の青さを指して「空が青いね」と言う。Bさんは、空の赤さを思って「そうだね」と答える。今度は、二人はリンゴを見る。Aさんが、リンゴの赤さを指して「リンゴが赤いね」と言う。Bさんは、リンゴの青さを思って「そうだね」と答える。

こんなふうに、会話はスムースに進行し、二人は感覚がさかさまになっていると気づかないだろう。

＊

色についての感覚が、ひととさかさまになっているのではないかという疑いを、「逆スペクトルの懐疑」という。

なぜ逆スペクトルになっていても気づかないかと言えば、人びとのふるまい（空を「青」と言い、リンゴを「赤」と言う）が一致しているからである。言語ゲームとは、ふるまいの一致のことなのだ。

このように考えるなら、「青」という言葉は私の感じるこの‘青さ’の感覚を指すとは言えない。「青」という言葉は、空の色を指す。そして、それが私の感じる青さの感覚を指すように思うのは、言語ゲームのなかで私がそう思うだけなのである。

＊

さらに言えば、Aさんにとって空は青、Bさんにとって空は赤、という異なった感覚があると最初に想定したが、そのことがそもそも無理である。Aさん、Bさんそれぞれの各私的な内面の感覚を、誰も比較することはできない。だから、二人の感覚が異なると言うことはできない。（二人の感覚が同一である、と言うこともできない。）一致しているのは、空を「青」、リンゴを「赤」という、言葉の用法である。

人びとの感覚が一致しているから、言葉の用法が一致する、のではない。言葉の用法が一致しているから、人びとの感覚が一致しているという確信が生まれるのだ。（この確信は、確かめようがないから、錯覚のようである。しかし、間違っていることを確かめられるわけでもないから、錯覚とも言えない。）

ふるまいの一致

これに関連して、痛みについても、『探究』は詳しく考察している。

同じ感覚でも、色と痛みは違う。空の色は、AさんにもBさんにも視える。これに対して、痛みの場合、Aさんが痛みを感じても、Bさんは痛くない。Bさんが痛みを感じても、Aさんは痛くない。

「痛い」という言葉の意味はなにか。

もしも「痛い」が、自分の感じる痛さの感覚のことだとする。自分が痛いときには、「痛い」と言う。しかし、相手が「痛い」と言うとき、相手の痛みを自分は感じない。相手が痛いかどうか自分にはわからないのに、相手は「痛い」と言う権利があるのだろうか。

刃物で切られて血が出ているのは、見ればわかる。そういう場合、「痛い」と言う権利があるとすればよいか。では、歯が痛いときのように、外見でわからない場合はどうか。

*

ヴィトゲンシュタインは、痛みの場合にも、ふるまいの一致が大事なのだと指摘する。転んで膝をすりむいたときに、「痛い」と言う。注射のときにも、「痛い」と言う。虫歯のときにも、「痛い」と言う。そうやって、自分や相手がいろいろな状況で、「痛い」と言うのだということを学ぶ。「痛い」と言うことは、痛さの表現（ふるまい）なのだ。

自分が痛いから、「痛い」と言う。それは、自分が痛くなくても、相手が「痛い」と言う権利を認めること（すなわち、相手の痛さも私の痛さと同等だと認めること）でなければならない。「痛い」が私の痛さのことを指す、のは確かだとしても、それは、「痛い」と言う言語ゲームの本質ではなく、それに付随することなのである。

痛さの場合も、人びとのふるまいが一致することの結果、痛さの感覚を共有しているという確信がうまれる。

私的言語について

これを踏まえて、ヴィトゲンシュタインは、言語は「私的言語ではない」と言う。

私的言語（private language）とは、自分の感覚や主観世界のなかに、言葉に対応する何か（たとえば、痛みや、色の青さの感覚）がある場合にだけ、言葉が意味をもつような言語である。この場合、言葉と感覚は、直示的定義のようなやり方で、結びついている。その結果、自分以外の人びとが言葉を用いることを、根拠づけることができなくなる。

*

言語は、私的言語ではない。言語は、人びとのあいだのふるまいの一致である。つまり、私の感覚を根拠に、私を中心にできあがっているわけではない。

この意味で、言語は公共のものである。

私たちは、誰もが言語によって思考するわけだが、そのことによって、世界に開かれているのだ。

数列モデル

言語ゲームとは、ルールに従った人びとのふるまいのこと。すなわち、人びとのふるまいの一致である。（ふるまいが一致しているなら、そこにルールがあることになる。)

そこで、この言語ゲームを、これ以上単純にできないほど単純にして、その本質を取り出してみるとどうなるか。

数列になる、と思う。

机が並んでいる118ページの（6a）も、列なので数列みたいなものだ。でも、数を並べるほうが、ルール（規則）がみえやすくなる。

＊

数列で、いちばん単純なのは、つぎの数列だ。

（6c）　1，2，3，4，5，6，…

これは、自然数の数列である。

有限個の数が、順に並んでいる。数は、1つずつ大きくなっている。（6c）をみれば、誰でもそれがわかる。だから、「…」の部分は、つぎは7、そのつぎは8、…なのだと思うだろう。

だが、そのことがどこに書いてあるのか。

書いてない。見ればわかる。そして、見てわかるしかない。ここが重要だ。

（6d）　2，4，6，8，10，12，…

これは、偶数の列である。2つずつ大きくなっている。

この数列の規則（ルール）を、記述できるか。

できそうにみえる。一般項a_nは、2nと書けるから。でも、正確に書こうとすると、こうなる。

（6e）　$\{a_n\} = a_1, a_2, \cdots, a_n, \cdots$

$$a_n = 2n \ (n = 1, 2, 3, \cdots)$$

一般項に含まれるnを説明しようとして、（6c）と同じものが現れた。（6c）（＝数列は「…以下同様」に続いていきますので、よろしくお願いします）が自然数の記述だと認めないと、（6e）は認められない。そしてよく考えてみると、自然数の規則（ルール）を記述しようとすると、どうしても（6c）のように、「…」（以下同様）を含んでしまう。

つまり（6d）を（6e）のように書き直しても、問題を先送りしただけなのだ。

*

数列は、まだいろいろある。

（6f）　2，3，5，8，12，17，…

これは、前項との差がだんだん開いていくので、階差数列という。

（6g）　1，1，2，3，5，8，13，…

これは、前2項の和がつぎの項になっていて、フィボナッチ数列という。

数列は一般に、こんなかたちをしている。

（6h）　a_1, a_2, a_3, a_4, a_5, …

数列は、数が規則（ルール）に従って並んでいる。その最初のほうのごく一部が示してあるだけで、あとは「…」（以下同様）と示される。数列はどこまでも続いていくので、その全部を示すことはできない。

有限個の事例で、ほぼ無数の事例にあてはまる規則（ルール）を示す。それが、数列の根本である。

では、規則（ルール）はどこに書かれているか。

規則は書かれていない。

書くことができない。それは、有限個の事例を通じて「理解」されるしかない。強いて言うなら、有限個の事例（a_1, a_2, a_3, a_4, a_5）とともに、「示されて」いる。ヴィトゲンシュタインは、「考えるな、見よ」と言った。それは、見てわかるしかないものなのである。

規則をみる

数列を理解できれば、数が理解できたことになる。

有限個の事例から規則（ルール）が理解できれば、言葉が理解できたことになる。

数と言葉は、同じ起源をもつ。

＊

なぜ人間は、数や言葉を理解できるのか。

それは考え方が逆で、数や言葉を理解できるのが、人間なのだ。

人間がいなければ、人間が数列を理解しなければ、数列は存在しない。数列の規則（ルール）は、この世界を世界たらしめている、究極の根拠である。

ヴィトゲンシュタインは、《…根拠を求める営みには終点がないかのようである。だが、根拠のない前提が終点になるのではない。根拠なき行動様式、それが終点なのだ。》（「確実性の問題」全集9:35）とのべた。数列、すなわち、規則に従った人びとのふるまい（言語ゲーム）こそ、この世界の根底だということではないか。

＊

数列をみて、その規則（ルール）が「わかった！」と思う瞬間。それが、人間が人間であることの根拠であり、この世界が（再）創造される瞬間である。

『論考』は、「かくあることのすべて」である世界を、その外側から、言語という支え棒によって、しっかり支えようと試みた。（ヴィトゲンシュタインが、そう考えたのは、さもないと世界が壊れてしまう、と感じたからだ。）

『探究』は、世界を、そのように支えようとはしない。世界は、無理に支えようとしなくても、最初から秩序あるものである。なぜならそれは、言語ゲームとして、刻々みずからを再生産しているからだ。
ヴィトゲンシュタインは、長い旅路の果てに、「かくあることのすべて」である世界は、かくあってよいのだ、という信頼に到達した。

オーストリア国籍がなくなる

だが、ヴィトゲンシュタインがこうやって、哲学の難問と苦闘を続けているあいだにも、現実の世界は、危機を深めていた。
ヴィトゲンシュタインがケンブリッジに戻ってから9年後、ヒトラーは、オーストリアを併合した。大部分のドイツ国民とオーストリアのドイツ系住民は、ヒトラーの侵攻を熱狂的に支持した。フランスもイギリスも、それを黙認した。
オーストリアのパスポートが無効になった。
故国が消滅してしまったヴィトゲンシュタインは、ドイツの国籍に切り替わるか、イギリスに亡命するかの、二者択一を迫られた。ユダヤ人差別を公言しているナチス・ドイツの国籍に替わるのは、危険である。彼は、英国籍を申請せざるをえなかった。

*

ヴィトゲンシュタイン家も、危険になった。
１９３５年、ドイツは「ニュルンベルク法」を制定した。これは、2代前にさかのぼって、自分がユダヤ人でないことを証明させる法律である。祖父母が100%のドイツ人かユダヤ人（これ自体、非現実的な想定である）と仮定して、四分の一ユダヤ人の血が混じっているだけならドイツ人、二分の一だとユダヤ人、というものである。同じ家族のなかでも、ドイツ人になったりユダヤ人になったり、混乱と悲劇が国中をおおった。

ヴィトゲンシュタイン家の人びとは、ウィーンの上流市民で、尊敬されていた。だから、油断していた。一家の父方の祖父ヘルマンは、ドイツ人侯爵の子どもで、ユダヤ人ではないという書類を、当局に提出したが、話は進まなかった。パウルはスイスに逃げた。ヘルミーネとヘレーネがぐずぐずしているうちに、スイスの国境は閉ざされた。危険が迫っていた。

ヴィトゲンシュタインは、姉たちのことが心配で、気が気でなかった。１９３９年、やっとイギリスのパスポートを手に入れると、さっそく彼女らのため、ベルリン、ウィーン、ニューヨークを走り回る。結局、関係者のあいだで、ヴィトゲンシュタイン家の莫大な財産をドイツに引き渡すかわりに、祖父がアーリア人であるという証明書を当局に認めてもらう、という取引きが成立した。

一家は助かった。

＊

ヴィトゲンシュタインは、しばしば自分の罪を、ほかの人びとに対して告白している。自分がユダヤ人であることについても、告白をした。

１９３７年初め、彼は、Ｇ・Ｅ・ムーア、モーリス・ドゥルーリー、ファニア・パスカルといった知人たちに対して、自分がみんなの思っているようなアーリア人（1/4のユダヤ人）ではなくて、3/4（スリー・クウォーター）のユダヤ人である、黙っていて悪かった、と告げている。こんなことは、話さなくてもよさそうに思われる。でも、ヴィトゲンシュタインにとっては大事なことだった。まず、嘘をついたままであることは許せないという、彼の倫理的に完全でありたいという思い。それに、ニュルンベルク法ではユダヤ人に分類される存在として、危険な状態にある家族を救わなければならないという彼の立場を、身近なひとに理解してもらいたかったから。

*

ヴィトゲンシュタイン家のように、運がよかったユダヤ人は少数だった。

ウィーンで開業していたフロイトにも、危険が迫った。ルートヴィヒの姉のマルガレーテは、フロイトの友人だったので、彼がイギリスに脱出できるよう、手助けをしている。

ユダヤ人とは

いくら説明を聞いても、日本人にわからないのが、ユダヤ人という存在であろう。

ユダヤ人とは、ユダヤ教徒のことなのか、それともユダヤ民族のことなのか。

どちらも兼ねている。

誰かがユダヤ教に改宗したとする。男性は、割礼などの問題があるが、子か孫の世代になると、ユダヤ教徒（つまり、ユダヤ人）になれる。日本人もユダヤ人になれるのである。

では、ユダヤ教徒をやめたらどうなるか。

改宗しても、ユダヤ人でなくなるわけではない。ユダヤ人の共同体が、「あのひとはキリスト教に改宗したけど、ユダヤ人だ」と考えている。そればかりか、キリスト教社会の側が、「あのひとはキリスト教に改宗したけど、ユダヤ人だ」と思っている。つまり、ユダヤ人に生まれたら、どう転んでも、ユダヤ人をやめる方法がないのだ。この点では、民族に近いものがある。

「ニュルンベルク法」は、これを踏まえて、祖父母の代にさかのぼってユダヤ人である／ないことの証明を求めるもの。ナチスは、ユダヤ人を差別したが、それには、ユダヤ人の定義が必要になる。なにごとも厳密でないと気のすまない、ドイツ流のやり方だ。

独身主義

ヒトラーとルートヴィヒの共通点を、もうひとつあげれば、一生独身だったことである。

正確に言うと、ヒトラーは、陥落するベルリンで自殺する直前に、長年の愛人だったエヴァ・ブラウンと結婚式をあげたという。二人の遺体はガソリンをかけ、焼却された。

ヴィトゲンシュタインは、ガールフレンドがいたのかはっきりしない。マルガリート・レスピンガーという女性と、１９３７年ごろつきあっていたという証言もある。

ボーイフレンドは、何人かいた。ゲイだったという話もある。証拠もないし、どっちでもいいと思う。

狂気の全体主義

ヒトラーのナチス・ドイツがなぜ、第二次世界大戦を始め、ユダヤ人を大量に虐殺したのか。

ナチズムがどんなものか、だいぶ昔のことで、日本人は想像できなくなっている。少し説明しておいたほうがいいかもしれない。

＊

ナチスについてのもっともすぐれた考察は、やっぱり、ハンナ・アレントの『全体主義の起源』（1951）だろう。

ハンナ・アレント（Hanna Ahrendt 1906-1975）は傑出した政治学者・思想家。ヴィトゲンシュタインのように、同時代の苦悩するヨーロッパと格闘した、ユダヤ人の知性である。

アレントが注目したのは、モブ（暴力的な群衆）である。失業者、チンピラ、ならず者、右翼、犯罪者、…。社会から落ちこぼれた人びとが、不平不満を抱いて、街頭に集まった。ナチスは、モブを温床にして、大きな勢力にのしあがった。

ナチスの特徴は、ドイツという国家の枠に収まらないで、それを破壊するところにある。そのイデオロギーが、汎ゲルマン主義。ドイツ民族（アーリア人種という）は優秀だから、ヨーロッパを支配すべきだ、というものだ。そこで、ドイツ系住民のいる周辺の国々をつぎつぎ併合・侵略し、ユダヤ人を収容所に送り込み、「劣等民族」であるスラブ人を従えるためにソ連に攻め込んだ。最初から戦争するために、政権を取ったのだ。

*

でもこの危険なナチスの本質は、なかなかわからなかった。ヒトラーが戦争を決意していることを見抜いて、それに対抗できる軍事力（航空戦力）を整え、英国を救ったのがチャーチルである。

ナチスが国家を破壊するやり方は、二重権力をつくりだすことだった。一党独裁の政権政党ナチスのなかに、政府機関とそっくりの部署を、ひとそろいつくってしまう。政府機関は骨抜きになる。軍隊や警察のほかに、ヒトラー直属の親衛隊というものがあり、親衛隊のなかにも、髑髏隊など秘密の組織がある。どこに権限があるのかわからないので、ヒトラーは組織を意のままに操ることができる。

このようにナチスを分析したアレントは、二重権力という点では、一党独裁の共産党が国家の上に立つソ連も同じだということを発見した。そこで、ナチズムとソ連をあわせて「全体主義」とよんだ。

＊

右翼のナチスと共産主義のソ連では、正反対に決まっていると考えた人びとが、日本では多かったので、アレントの考えは、なかなか理解されなかった。ソ連が解体したいまになってみれば、アレントの分析が鋭かったことがわかる。

ヨーロッパの危機

アレントとヴィトゲンシュタインに共通するのは、ヨーロッパが壊れてしまうという危機感だった。

＊

アレントの生涯もまた、波乱に満ちている。

１９０６年、ドイツで中流のユダヤ人家庭に生まれたアレントは、哲学を専攻するため、マールブルク大学に進む。そこには、ハイデガーがいたからだ。聡明で魅力的な彼女は、妻子ある指導教授のハイデガーと恋人関係になってしまうが、一年で離別。ハイデルベルク大学に移り、ヤスパースの指導を受ける。

卒業したアレントは、ユダヤ人の裕福な青年と結婚するが、性格があわずに離婚。反ナチ運動に参加し、追及を逃れてパリに亡命。同地でドイツ人の共産党員と再婚する。フランスがドイツに降服したので、パリも危険になり、かろうじてアメリカに脱出する。（ベンヤミンは、フランスからスペインに山越えで逃げようとして、国境で服毒自殺した。レヴィ＝ストロースとアンドレ・ブルトンは、ボートピープルとなってアメリカを目指した。）ニューヨークでは、ユダヤ系の新聞や雑誌に原稿を書いたりするかたわら、シオニズム運動に関わる。（レヴィ＝ストロースやR・ヤーコブソンは、ニューヨークのニュースクール・フォー・ソーシャル・リサーチに落ちついた。駆け出しのアレントは、そうはいかなかった。彼女がここの教授に迎えられたのは、１９６８年のことだ。）やがてシオニズム運動と距離をおき、学問に専念し、英語で『全体主義の起源』を執筆、政治学者として地位を確立する。『人間の条件』『エルサレムのアイヒマン』などを発表、１９７５年に心臓麻痺で亡くなった。

＊

アレントと別れたハイデガーはナチスに入党、フライブルク大学の学長となって、ナチスのイデオローグとして活動した。ナチズム、共産主義、シオニズム。２０世紀の哲学・思想・政治運動の激流の、生き証人がアレントである。ヴィトゲンシュタインとは別な角度から、壊れていく世界をみつめ、その病理と全力で戦う一生だった。

＊

１９３９年にナチス・ドイツがポーランドに侵攻、第二次世界大戦が始まると、ヴィトゲンシュタインはいても立ってもいられない。１９４１年には大学を辞め（１９３９年から、G・E・ムーアの後任の、ケンブリッジ大学の哲学教授になっていた）、ロンドンの病院（ガイス・ホスピタル）で、ボランティアとして働き始める。

　ヨーロッパが、ナチズムや共産主義という、近代の鬼子のような運動に蹂躙されていたあいだ、ヴィトゲンシュタインの言語ゲームのアイデアは、まだほんのひと握りの人びとに知られているにすぎなかった。

　ヒトラーも、スターリンも、やがて舞台を去った。それから半世紀あまりを経て、ヴィトゲンシュタインがたった一人でうみ落とした言語ゲームの種は、もっとも有望な現代思想のひとつに育ちつつある。

　どうなふうに、有望なのか。

　それを展望するのが、本書の後半である。

第7章
ルール懐疑主義

ウサギ-アヒルの頭

意味と価値と言語ゲーム

この世界には、意味や価値がそなわっている。だから、生きるに値するものになっている。

ではなぜ、意味や価値がそなわっているのか。それは、言語ゲームがそれを成り立たせているからだ。

前章でふれた、「Ｎ人ｎ語ゲーム」（124ページ）を思い出そう。私が通りかかったとき、ゲームはもう始まっていた。そこには、彼らの理解する意味と価値があった。私はそれに加わる。彼らが去ったあとも、私はそれを続ける。そして、私が去ったあとも、誰かがゲームを続けるだろう。

世界にはもう、意味や価値がそなわっていた。私たちは、言葉を学ぶことで、それを理解する。そしてそこに、わずかでも、新しい意味や価値をつけ加えることができるようになる。

*

ヴィトゲンシュタインはなぜ、言語ゲームについてずっと考え続けたのか。

それは、われわれ人間は、意味と価値をそなえたこの世界に生まれたことを、どうやって信じるようになるのか、言い換えれば、人間が人間になるための条件はなにか、はっきりさせたかったからだ。

彼自身を救うため。

そして、この世界を救うため。

エイリアン？

言語ゲームは、エイリアンの哲学だ。

エイリアンは、地球外の知的生命体。宇宙からやってきて、人間のあいだにまぎれこむ。人間について予備知識がない。そこで、人間が何をやっているのか、じっと観察する。

彼は、エイリアンだった。自分が、まわりにいるほかのみんな（人間というらしい）と同じ仲間かどうかわからなかった。そこで、人間とはなにか、自分を周囲のみんなと同じだと信じていいのか、考えて、考えぬいた。その涙ぐましい努力の結果が、言語ゲームのアイデアだ。

*

人間とはなにか？

自分は人間なのかどうか？

こんなことを、おお真面目に、一生考え続ける人間はまずいない。自分が人間なのは当たり前だと、みな安心しているのだ。

でも、ヴィトゲンシュタインは違った。

人間が人間なのは、そんなに当たり前のことではない。いや、奇跡のような出来事だ。人間が人間であるための、条件がある。この世界が壊れているのなら、そしてこの世界を立て直すのなら、その条件にもとづかなければならない。

*

再び起こった大規模な世界大戦で、二千数百万人が命を落とした。これは軍人だけで、それを上回る民間人が犠牲になった。ヒトラーは数百万人のユダヤ人を殺害した。命だけではない。人びとの生きる意味と価値が奪われ、脅かされていた。

こんな世界で、人間であるとはどういうことか。人間として生きるとはどういうことか。

ヴィトゲンシュタインは、この問いをどこまでも考え、人間が人間であるその条件をつきとめることで、世界で起こるすべてのいまわしいことと対抗しようとした。

その条件が、言語ゲーム。つまり、人間が規則（ルール）に従ってふるまうことだ。規則（ルール）に従ってふるまうかぎり、人間は人間である。

ここに、この世界の希望がある。

懐疑論との対決

だから、ヴィトゲンシュタインは、懐疑論と全力で戦った。

懐疑論（skepticism）は、世界を、無意味で無価値にする陰謀である。現実の世界のいまわしい出来事、いまわしい勢力が、哲学のかたちをとって現れたものである。

懐疑論は、規則（ルール）があるか疑う。規則（ルール）がなければ、この世界の、意味も価値もなくなる。彼は自問自答を繰り返し、あらゆる種類の懐疑論に、とことん反駁する。

*

規則（ルール）など、存在しない。

規則（ルール）は、一義的とは限らない。

人間は、規則（ルール）に従うことなどできない。

こんなような懐疑を、「ルール懐疑主義」という。ヴィトゲンシュタインが戦ったのは、こうしたあらゆる種類のルール懐疑主義だ。

*

懐疑論は、昔からあった。

哲学で、懐疑論はおなじみだ。

懐疑論は、誰でもすぐ思いつける。たとえば、

（7a）　世界は、私が目をつぶると、消滅する。
目を開けると、再び存在し始める。

目をつぶっているあいだ、世界が消滅しているか、確かめることはできない。確かめるには、目を開けなければならないからだ。

目を閉じても音が聴こえるから、世界は存在している。触ることも感じることもできる、と反論があるかもしれない。それなら、

（7b）　世界は、私が眠るたびに、消滅する。目を覚ますと、再び存在し始める。

ならどうか。真偽を確かめる方法はなさそうだ。

でも、とても不自然な考え方ではある。世界は再び存在し始めるたびに、あたかもその間消滅していなかったかのように、存在しなければならない。ならば、消滅していなかったのと、変わりがない。

（7b）は、ルール懐疑主義である。世界が消えても、私が存在していると考えるから。そして、私はほかの人びとと違って、特別だと考えるから。無邪気なアイデアにみえるが、その根底が奇妙である。

＊

つぎのような考え方は、どうか。

(7c)　この世界は、まもなく存在しなくなる。

これも、不自然にみえる。でも、ルール懐疑主義とは言えない。私だけが特別だとは考えないから。世界が存在しているあいだ、規則（ルール）も存在するだろうから。

実際、キリスト教もイスラム教も、(7c) のように考えている（最後の審判と終末）。(7c) のように考える一神教は、人びとが社会を正常に営むことと両立する。

＊

『探究』には、突拍子もない懐疑論も、あちこちに書き留められている。たとえば、

《私には手が二本ある、とわかる場合を想像してみることができる。ただ、ふつう、そんなことをわかったりしない。「でも、両手を眼のまえにかざせばわかるじゃないか！」自分に手が二本あるのが疑わしいなら、自分に眼があるかどうかも疑わしいものだ。(友人に聞いてみるのがいいかも。)》(全集8:442)

《「地球は何百万年も存在してきた」という命題は「地球はこの五分間存在してきた」という命題よりも意味がはっきりしている。なぜなら、後のようにのべるひとに、私は「この命題は、どういう観察のことを

いっているの、どういう観察がこれに反するの、と聞くだろうから。》（全集8:442）
《ライオンが話ができたとしても、われわれはそれを理解できない。》（全集8:446）（いずれも橋爪訳）

こうしたさまざまな懐疑論の試練をくぐりぬけ、ヴィトゲンシュタインは、言語ゲームの確かさを確信する。その最後の仕上げが、絶筆となった「確実性について」というノートだった。
「確実性について」は、あとで紹介しよう。

*

懐疑論は、自問自答のかたちをとる。
荒れ野で４０日を過ごしたイエスは、サタン（反対者）の試練を受けた（以下、マタイ福音書４章）。
「これらの石がパンになるように命じたらどうだ」
「ひとはパンのみにて生きるにあらず、神の口から出るひとつひとつの言葉で生きる、とある。」①
「(高い塔から) 飛び降りたらどうだ、天使が手でお前を支える、とある。」②
「あなたの主である神を試してはならない、とも書いてある」③
……
トルストイの『要約福音書』は、これが対話ではなく、イエスの自問自答だとしている。イエスも懐疑論と戦っていたのだ。
新約聖書のなかの、この対話（自問自答）は、旧約聖書からの引用によっている。①は、申命記8:3、②は、詩篇91: 11-12、③は、申命記6:16、というぐあいだ。

自問自答を繰り返す『探究』の独特の文体は、イエスとサタンの対話に似ていると思う。旧約聖書のかわりに、出典をこれまでの哲学の書物全体に拡げ、どこまでも対話を繰り返したのが、ヴィトゲンシュタインの後期の姿ではないか。

*

懐疑が深いほど、確かめられる信頼も深い。

言語ゲームに対するもっとも徹底した懐疑の例として、クリプキの懐疑を紹介しよう。

クリプキのクワス

S・クリプキ(Saul Kripke 1940-)は、アメリカの天才的な数学者。そしてやはり、ユダヤ人である。哲学にも興味をもち、『探究』についてハーバード大学で講演をした。その記録が、『ウィトゲンシュタインのパラドックス』(1960)である。

そのなかに、こんな話が出てくる。

*

あなたがクリプキと2人で、たし算をしていた。

はじめのうち、2人の答えは一致していた。ところが、途中で一致しなくなる。あなたが「計算がおかしいよ」と言うと、クリプキはこう答える。「あれ?たす数かたされる数の片方が57よりも大きくなるときは、答えがみんな5になるんだよ、知らなかった？」

よく聞いてみると、クリプキは、プラス（ふつうのたし算。加算ともいう）ではなくて、クワスをしていたのだった。クワス（quus）は、（7d）のように定義される。

$$(7d) \quad a \oplus b = \begin{cases} a+b & (a, b \leqq 57) \\ 5 & (\text{それ以外のとき}) \end{cases}$$

このクワス（桜井芳生氏の名訳によると、くゎ算）は、深刻な懐疑をつきつけている。

57は、あまり大きな数ではないので、クワスは奇妙にみえる。だが、これが十分大きな数だった場合、あなたとクリプキは、いつまでたってもなかなか、2人の計算が違った規則（ルール）に従っていることに気づかないだろう。つまり、たし算をやっているようにみえる人びとのなかに、実はクワスをやっている人びとが大勢まじっているのかもしれない。

「クワスなんて、不自然だ。納得できない」と、あなたは言うかもしれない。

でも、マイナスとマイナスをかけるとプラスになったり、i と i をかけると -1 になったりすることを、ちゃんと「納得」しているひとが、どれだけいるだろうか。数の世界には、不自然にみえることがいっぱいある。そう、クリプキに反論されてしまいそうだ。

＊

あなたは、たし算ができる（と思っている）。生まれてから、いままでずっと、問題なくたし算をしてきた。でもそれは、たかだか有限回のことだ。それに、うんと大きな数のたし算をしたことがあるわけでもない。にもかかわらず、この先、どんな大きな数でも、必ずたし算ができて、みんなと答えが一致する、と思っている。

それには根拠がない、とクリプキは言う。

つまり、たし算のようなごく簡単な規則（ルール）であっても、人びとが共通の規則（ルール）に従っているとは言えないのだ。

木の葉が今日から青に

懐疑論なら、ほかにもある。たとえば「グルー」。

グルー（glue）は、色を表す形容詞で、(7e) のように定義される。１９５３年にネルソン・グッドマンという学者が考えて、哲学の雑誌（分析哲学の論文がいっぱい載っている）に発表した。クリプキの本にも紹介してある。

(7e)　グルー　＝　{ グリーン（昨日まで）
ブルー　（今日から）

こんな感じだ。

あなたとクリプキが散歩している。あなたが「木の葉が緑だね」と言うと、クリプキが「今日から木の葉は青になったんだよ、知らなかった？」と答える。

ある日を境に、言葉の意味が変わってしまう。木の葉は青に。そして、空は緑に（たぶん）。

こういう、懐疑論者が考えつく、奇妙な規則のかずかずを、「奇則」（くぃ則とよむ）ということにしよう。

*

クリプキは、どんな規則（言語ゲームのルール）にも、それと途中まで区別のつかない奇則が、かならず存在すると指摘する。困ったことに、この指摘は、それ自体としては正しい。奇則はコバンザメのように、規則にくっついている。このため、規則は台なしになってしまう。少なくとも、ある言語ゲームの規則は、一義的（ひとつに決まること）でない。

ヴィトゲンシュタインによれば、「言語ゲームは、規則（ルール）に従った人びとのふるまい」だった。クリプキによると、その主張は成立しない。規則（ルール）は、そもそも存在できないからである。

これが、ルール懐疑主義だ。

ルール懐疑主義は正しいか

『ウィトゲンシュタインのパラドックス』を読み、「なるほど、クリプキのルール懐疑主義の言うとおりだ」と思ったひともいた。

この本は、ヴィトゲンシュタインの死後出版されているので、彼はクリプキに反論できない。でも生前、クリプキのような懐疑論が出てくることを予想して、『探究』やそのほかの原稿のなかにヒントをのべている。それらを参考に、ヴィトゲンシュタインに代わって、クリプキに反論してみよう。

*

奇則（クワスやグルー）は、つぎのようなものだ。

1）最初のうちは、規則と一致している。
2）そのあと、一致しない事例が現れる。
3）以後、片方は規則に、もう片方は奇則に従う。

ウィルスのように、潜伏期間があって、そのあと暴れ出すのだ。

これを図に示すと、（7f）のようになる。

（7f）

事例1～事例nは、有限個の列。その規則が“わかった！”と思えて、疑問の余地がなくなる程度に、十分な長さである。

*

この長さ（事例の数）が十分でないと、どういう規則かわからない、という混乱が生じる。たとえば、

（7g）　1, 2, 3, 5, □

という数列を考えてみれば、□に入るのは、7か8かと迷うだろう。7と答えたひとは、この数列は、1と素数が並んでいるところ、と思った。8と答えたひとは、前の2項の和がつぎの項になる数列、と思った。どちらももっともだ。それをはっきりさせるには、もう少し数列の先までみなければならない。

こうした混乱は、有限個の数列の、長さが十分でないから起こる。長さが十分なら、解消する。

この混乱と、規則／奇則の混乱を、ごっちゃにしてはならない。

奇則は、事例の長さと関係ない。

もうひとつの奇則をみてもらいたい。

（7h）　1, 2, 3, 4, 5, 6, …

（7i）　1, 2, 3, 4, 5, 6, 1, 2, 3, 4, 5, 6, …

上の数列（7h）をみれば、誰でもつぎは7だと思うだろう。（もしも、6までででは十分長くないと思うひとがいたら、10でも100でも、好きなだけ大きな数にして下さい。）（7h）の「…」（以下同様）は、「つ

ぎが７なのは誰だってわかるはず」という意味だ。

ところが、クリプキの友人（かりにクワプキ氏とする）は、（7h）の数列をじっと見つめ、つぎは１だと言う。あなたが「なぜ？」とびっくりして聞くと、「この数列はね、１から６までが繰り返すようにできているんだ。知らなかった？」と答える。クワプキは（7h）の数の並びをみて、（7i）の数列が“わかった！”のである。

なるほど、（7i）のような数列も、ありうる。けれども、（7h）が繰り返しの数列になっていることは、繰り返しが現れるまでわからないはずだ。繰り返しが現れないのに、（7h）をみただけで、（7i）の繰り返しが“わかった！”らおかしい。誰に教えてもらったのか、ということになる。

つまり、クワプキは、相当強引に「奇則」を主張しているのだ。

見ればわかる

クリプキのクワスは、数列は繰り返すと主張するクワプキの「奇則」と同じくらい、強引だ。

クワスも、プラス（加算）と同様、ルールに従うとクリプキは主張している。そのルールは、（7d）に示したとおりだ。

しかし、そのルールは、これまでの事例のなかには現れていないのである。

それならなぜ、クリプキは、これまでの有限の事例をみて、ルール（クワスの奇則）を“わかった！”のか。クワプキが（7h）の数の並びをみて、繰り返し（7i）を“わかった！”のと同じく、唐突で不自然である。ヴィトゲンシュタインが、数列の規則（ルール）は「見ればわかる」とのべたのと、考え方がまるで違っている。

*

もういちど、クワプキの繰り返し「奇則」を考えてみよう。

（7h）　1, 2, 3, 4, 5, 6, …

（7i）　1, 2, 3, 4, 5, 6, 1, 2, 3, 4, 5, 6, …

（7j）　1, 2, 3, 4, 5, 6, 7, 8, 9, 10, 11, 12, …

（7i）のように繰り返しをルールとする数列は、ありうる。（7j）のような自然数の数列も、もちろんある。どちらなのか、（7h）の段階ではわからない。だから、（7j）だと思ったら（7i）だった、ということは、つねにありうる。（7h）が十分に長くて誰もが“わかった！”（＝（7j）の数列だ）と思っても、そうでないことはあってよい。（そんなこともあるかもしれない、といちおう覚悟しておくのは、正常な懐疑論である。）

けれども、（7h）の段階で、（7i）だと“わかった！”らおかしい。（7h）と（7j）とは同じ規則（ルール）に従っている。だから、（7h）の段階では数列は、（7j）なのである。

結論。

奇則は心配しなくていい。（7i）の数列を、（7h）をみただけで、そこにあるように思うことはないのだ。

＊

これに類する懐疑論への反駁を、ヴィトゲンシュタイン自身もちゃんと考えていた。彼が、

《…矛盾は、それが現にそこにあるとき、そのときにのみ矛盾である、ということである。…

私の思うに、いつか推論は矛盾に到ってしまわないであろうか、と問うことは、その矛盾を見つけ出す方法が私に与えられていない限り、まったく無意味なのである。

私がゲームをすることができる限り、私はゲームをすることができ、そしてすべては整然としているのである。》（『ウィトゲンシュタインとウィーン学団』全集5:170）

とのべているのは、そういう意味だ。

ふるまいの一致

規則（ルール）の性質について、確認しておこう。

言語ゲームは、規則（ルール）に従った人びとのふ

るまいである。

言語ゲームは、そこにある。それは、人びとのふるまい（出来事）の集まりだ。それは人びとの

（7k） 

からなるもので、有限個の出来事の列である。

＊

言語ゲームと、その規則（ルール）とは、メダルの表裏の関係にある。一対一に対応している、と言ってもよい。つまり、言語ゲームがあれば、その規則（ルール）があるわけだし、規則（ルール）があれば、それに従って言語ゲームをすることができる。

＊

しかし、規則（ルール）は、目にみえないもので、具体的な出来事とは異なる。「…以下同様に、ふるまいを続けることができる」という人びとの状態が、規則（ルール）である。

「状態」とのべたが、これは、心の状態ではない。ヴィトゲンシュタインは、ちゃんと、

《規則に従っていると信じていることは、規則に従っていることではない。》（『探究』全集8:163）

と注意している。

*

規則（ルール）とは、数列の例で言えば、「数列がどこまでも続いていくこと」である。現実の数列は、有限で、どこまでも続いていたりしない。規則（ルール）は、そこに「示される」だけである。規則（ルール）が「ある」とは、こういうことだ。

規則（ルール）があるから、人びとのふるまいが一致している。ふるまいの一致がないのなら、規則（ルール）は存在していない。あるいは、規則（ルール）が二つ以上に分岐してしまっている。

奇則としてのナチス

奇則は、規則（ルール）の病気である。

病気だから、規則が奇則になってしまうこともないとは言えない。

規則（ルール）に従った言語ゲームは、いつのまにか、ルールに違反せずに、もととは違った奇怪な言語ゲームに移行してしまう可能性に、いつでも開かれている。ワイマール共和国が、「全権委任法」という民主主義と相いれない法律を、民主主義の手続きですんなり議決して、ヒトラーを独裁者とあおぐナチスの第三帝国に、合法的に移行してしまったように。

ヴィトゲンシュタインが、規則（ルール）を脅かす懐疑論と徹底的に戦った。それは、ナチスとの戦いだったと、私は思う。ナチスも、規則に従っていると主張していた。彼の戦いは、『全体主義の起源』を書いたハンナ・アレントと通じている。
懐疑論との戦いは、なおも続く。

私には手がある

晩年、ガンを患ったヴィトゲンシュタインが、最後のテーマに選んだのも、やっぱり懐疑論だった。
懐疑論は、死に臨んでも、戦わなければならない相手だったのだ。
哲学者のムーア（G. E. Moore 1873-1958）が１９２５年に、「常識の擁護」という論文を発表した。ムーアはそこで、懐疑論に反対し、「私には、手がある。懐疑論者が何と言おうと、これは疑うことのできない事実だ。文句あるか。」と主張した。
ヴィトゲンシュタインはこの論文に興味をもち、その先を考えていく。

*

ヴィトゲンシュタインは、ムーアが懐疑論に反対するのには賛成する。けれども、その議論のやり方に問題があると言う。
こんなふうに、考えるのだ。
たとえば、ムーアは、「私には、手がある。それは確かだ。」と言っている。なるほど、ムーアに手があるのは十分に確かだ。でもそれを、「手があるのは、確かだ」と言うからといって、なお確かになるわけではない。言うだけ余計である。

つぎに、ムーアに手があることだけが、特に確かなわけではない、と指摘する。疑おうと思えば、自分に手があることを疑うこともできる（たとえば、昨日手術で切り取ったのを忘れているのかもしれない）。でも、自分の知っていることのすべてを疑うわけには行かない。あることを疑うためには、別のことをテコのように、疑いの手がかりにしなければならない。つまり、あることを疑うには、別のことを疑わないでおくことが必要だ。

疑うという言語ゲーム

もっと重要なこと。それは、ものを疑うには、「疑う」という言葉の使い方を信頼していなければならないことだ。デカルトは「われ思う、ゆえにわれ在り」（なにを懐疑するにせよ、懐疑をしている自分の存在は疑えない）と言った。ヴィトゲンシュタインは、それよりもっと根本的な「なにを懐疑するにせよ、懐疑するという言語ゲームを行なっていることは決して疑えない」、という原理を発見したのである。

*

「確実性について」は、こんな具合に議論が展開していく。体調の悪化に苦しみながら、ヴィトゲンシュタインはベッドのなかで、考察を深めていった。それぞれの断片に日付が記してあるので、毎日少しずつ考えを進めていく様子がわかる。

《6　ひとは自分の知っていることを（ムーアのように）数え上げることができるだろうか。そう簡単には行かないと私は思う。》

《24　…このように問うものは、存在に関する疑いは言語ゲームのなかでのみ作動するものだ、ということを忘れている。》

《46　…われわれは現に規則に従って計算を行なっており、それで十分なのだ。》

最期の日々の考察は、こんな具合に結ばれている。

4月26日

《660　「私の名がL・Wだということについて、どうして私が間違いえよう」と問うこともできるだろう。こう言ってもよい。そんな誤りがどうして生じうるのか私にはまったくわからない、と。》

4月27日

《670　人間の営む探究には、根本原理とも称すべきものがあるのではないか。》

これが絶筆となった。

*

ヴィトゲンシュタインは、友人の医師ベヴァンの家で、彼とその妻に看取られて亡くなった。意識を失う直前、

《彼らに言って下さい、私はすばらしい人生を送った、と。》

と言い残して、１９５１年4月２９日の朝に息をひきとった。

第8章
1次ルールと2次ルール

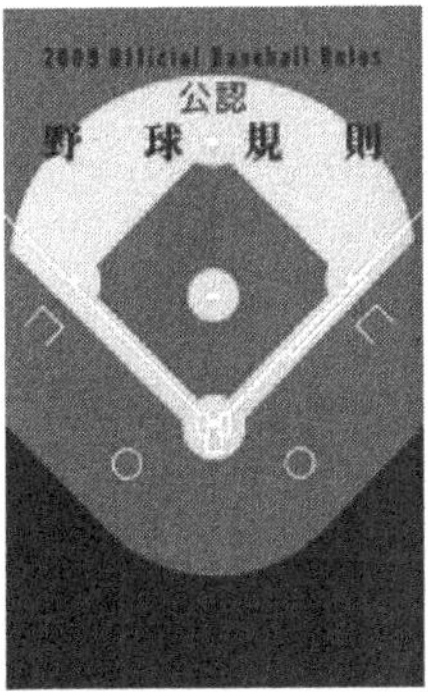

野球のルールブック

キリスト教から離れて

ヨーロッパで、ユダヤ人であるとは、どういうことか。

それは、多数派（キリスト教徒）でない自分を、いつも意識するということである。

ユダヤ人（ユダヤ教徒）には、モーセの律法にもとづくユダヤ法によって、ユダヤ人の生活の規則（ルール）が細かく定められている。キリスト教徒と同じ行動をしようとすると、これを守れない。そこで、ユダヤ人は、自分たちをキリスト教徒の社会から切り離すしかない。

キリスト教の側からこれをみると、ユダヤ人は頑固でつきあいにくく思える。おまけに、イエス・キリストを、神の子と認めないのだから、なおけしからんという話になる。

こうして、ユダヤ人差別が生まれる。

*

ユダヤ人は、近代ヨーロッパ文明が、キリスト教文明にすぎない（人類全体にあてはまる文明だとは、必ずしも言えない）と、いつも感じている。ユダヤ系の知識人は、だから、ヨーロッパ文明の限界を乗り越えて、人類の普遍性に近づこうとするのではないか。スピノザも、リカルドも、マルクスも、アインシュタインも、フロイトも、カフカも、トロツキーも、アレントも、レヴィ=ストロースも、サミュエルソンも、チョムスキーも。

そして、ヴィトゲンシュタインも。

ヴィトゲンシュタインの考えた言語ゲームは、人類社会をすっぽり包みこむ、抽象性の高いアイデアだ。さまざまな宗教や民族集団、たとえばキリスト教徒とユダヤ人をへだてる垣根を記述し、それを乗り越える手だてを考えることもできる。

*

この章では、言語ゲームが、どんなふうに社会の骨組み（法律）を解明することができるのか、考えてみよう。

それにはまず、言語ゲームの規則（ルール）を記述することが、出発点になる。

ゲームとルール

言語ゲームは、規則（ルール）に従っている。

規則（ルール）は、確かに、そこにある。

規則（ルール）は、言語ゲームによって、明らかに示されている。

けれども、規則（ルール）がどうあるかを、その言語ゲームのなかでそれ以上明らかにすることはできない——

＊

このように、規則（ルール）は、不確定な部分を残しつつ、確かに言語ゲームにそなわっている。

これは、量子力学の不確定性原理のようである。ヴィトゲンシュタインは、言語ゲームと規則（ルール）関係を探っていくうちに、人間の行為（ふるまい）の秩序の、それ以上さかのぼれない不確定なあり方を発見したのだ。

＊

この規則（ルール）を取り出そうとすると、どうなるのか。

もうひとつ、別の言語ゲームがうまれる。もとの言語ゲームの規則（ルール）を記述する、言語ゲームである。
ヴィトゲンシュタインは、つぎのようにのべる。

《言語ゲームの記述は、ことごとく論理学に属する。》(「確実性の問題」全集9：22)

ここでいう《論理学》は、ふつうの論理学より、もっと広い意味になっている。

*

言語の規則（ルール）を記述した「文法」は、この意味の論理学である。
数の計算の規則（ルール）を記述した「数学」は、この意味の論理学である。
人間の思考の規則（ルール）を記述した「論理学」は、この意味の論理学である。
人びとの行為の規則（ルール）を記述した「法律」は、この意味の論理学である。

言語ゲームと論理学

論理学は、人びとが自分たちの従う規則（ルール）に対して、主体的にふるまって行動しようとするときに、重要になる。言語ゲーム、規則（ルール)、論理学の関係を、つぎのように整理できる。

1）世界は、無数の言語ゲームの渦巻きである。
2）言語ゲームの全体については、のべられない。

なぜなら、それ自身が新しい言語ゲームになるからだ。
3）個々の言語ゲームについてなら、のべられる。これを、論理学という。
4）論理学は、もとの言語ゲームの効力に影響しない。

この世界は、無数の言語ゲームからなっている。では、それら言語ゲームの相互関係は、どのようになっているのか。言い換えれば、それら言語ゲームの規則（ルール）と規則（ルール）の関係は、どのようになっているのか。

ヴィトゲンシュタインは、具体的なことを何ものべていない。論理学の、ごく簡単な説明があるだけだ。

のべていなければ、考えるしかない。

そこで手がかりとなるのが、法律に関するハートの議論である。

ハートの法理学

H・L・A・ハート（Herbert L.A.Hart 1907–1992）という法哲学者がいる。『法の概念』（1961）という著作で知られる、オックスフォード大学の教授だ。

ハートは、法を、つぎのように定義する。

《法は、1次ルールと2次ルールとの結合（combination of primary and secondary rules）である。》（『法の概

念』88ページ）

これだけでは、なんのことかと思う。
最初、私もとまどったが、よく考えてみると、これは、ヴィトゲンシュタインの言語ゲームのアイデアを法律の考察に応用したものではないか、と思った。
モンクの書いた伝記によると、オックスフォード大学でも、ヴィトゲンシュタインのノート類（青色本、茶色本）が回覧されていたらしい。

《ノートの謄写版は青色のカバーが付けられたので…『青色本』として知られている。…この謄写版は大いに関心を引き起こした。さらにコピーが作られ、配布され、…一九三〇年代の後半までに、それはオックスフォードの哲学部の多くの人たちのあいだに配布されていた。》（モンク『ウィトゲンシュタイン』2巻382ページ）

だから、ハートがヴィトゲンシュタインの言語ゲームのアイデアを借用した可能性もあるわけだが、実際のところはわからない。『法の概念』のなかにも、それらしいことは書いてない。
でも、まあいい。話を続けよう。

*

ルールは、言語ゲームと、メダルの表裏の関係だった。それなら、１次ルールは１次言語ゲーム（以下、

1次ゲームと略)、2次ルールは2次言語ゲーム(以下、2次ゲームと略)と対応している、と考えてみればよい。

では、1次ルールと2次ルールの「結合」、とは何のことだろう。

ハートの説明によると、それは、言及(reference)の関係で結びついている。1次ゲーム(のルール)に言及するのが2次ゲーム、だ。すると2次ゲームは、1次ゲームの「論理学」のようなものである。

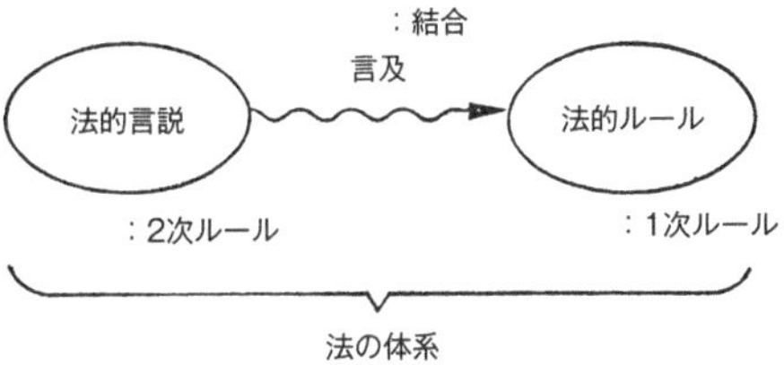

ハートは、法の体系の1次ルールは、

・責務を課すルール rules of obligation

だといい、2次ルールは、

・承認のルール rules of recognition
・裁定のルール rules of adjudication
・変更のルール rules of change

の3つだという。(これはそれぞれ、承認の2次ゲーム、裁定の2次ゲーム、変更の2次ゲームがあるという意味になる。)

以下、『法の概念』に従って、ハートがどのように法をモデル化したか、紹介するとしよう。（ここからしばらくは、私の『言語ゲームと社会理論』（1985）第２章の要約です。）

書かれない法

法律は、文字に書かれ、法典にまとめられて、存在を主張し始める。ハムラビ法典や、モーゼの律法（旧約聖書のモーセ五書）や、ユスティニアヌス法典や、『コーラン』や、律令がそうである。

では、無文字社会に、法律はないのだろうか。

ある。そこには、１次ルール（にもとづくゲーム）だけがある。ハートによれば、どんな社会にも、責務を課すルール（rules of obligation）がある。これは、困った事態がだれかの責任で生じたときに、その責任を追及する言語ゲーム（のルール）だ。

（２次ルールがないのに、「１次」ルールというのは変かもしれない。でも、２次ルールではないといういみで、１次ルールということにする。）

＊

なにか不祥事が起こると、人びとはその責任を追及し始める。

ものが盗まれた。農地が荒らされた。ひとが刺された。誰の責任か。それをみんなで決め、当人に償わせる。文字がなくても、法典がなくても、法律はある。目に見えないだけだ。

文字があれば、人びとが従っていた暗黙の１次ルールに言及して、それを記録することができる。法のルールが、目にみえるかたちになる。
人びとが法のルールに従うこと。これが法律の基本である。法のルールがテキストに書かれることは、それに比べれば二次的である。——これが、ハートの基本的な考え方だ。

審判とルールブック

野球を例に、これをもう少し説明してみよう。

*

子どもたちが、空き地で野球をしている。審判もいない。ルールブックもない。でも、ルールがないわけではない。(ルールがなければ、野球を遊べない。) ストライク、ボール、アウト、セーフ、ヒット、ファウル、ホームラン、1点。両チームがルールに従い、野球が進行する。
草野球には、審判もルールブックもない。プロ野球は、審判がいてルールブックがある。どちらが本当の野球なのだろうか。
草野球は、プロ野球が簡単になったもので、本当の野球ではない、と考えるひともいる。でも、そう考える理由はない。草野球だって、プロ野球と同じで、立派な野球なのだ。むしろプロ野球は、草野球がもとになっている。ハートは、そのように考える。

*

では、ルールブックは何のためにあるのか。

ルールをめぐって争いが起きるといけないから、何がルールかを書きとめておく。それが、ルールブックだ。

ルールブックに書いてあれば、ルールと認めよう。これは、承認のルールになる。

*

審判は何のためにいるか。

判定が微妙な場合に、ルールを間違いなく適用するためだ。審判が判定したとおりに、ゲームが進行すると約束しておく。これは、裁定のルールである。

審判は、ゲームに参加しないが、審判もルールに従う。審判は、自分勝手にルールを適用していいわけではない。(「審判の言いなりになるゲーム」があったとすると、それは「審判のいるゲーム」とは別のものだ。)

*

ルールが書き出されていれば、ルールの変更（書き換え）がやりやすい。

ルールブックをこういう手続きで書き換える、などと決めておく。これが、変更のルールだ。

*

変更のルールもルールブックに書かれて、承認されたりする。それについて争いが起こり、それがまた裁定されたり、変更されたりする。

つまり、2次ルールに、承認、裁定、変更のルールがあるといっても、固定したものではなく、相対的で相互に入り組んだ関係になっている。

法のシステムは、このように、ルール（にもとづくゲーム）が、複雑に組み合わさったものなのだ。

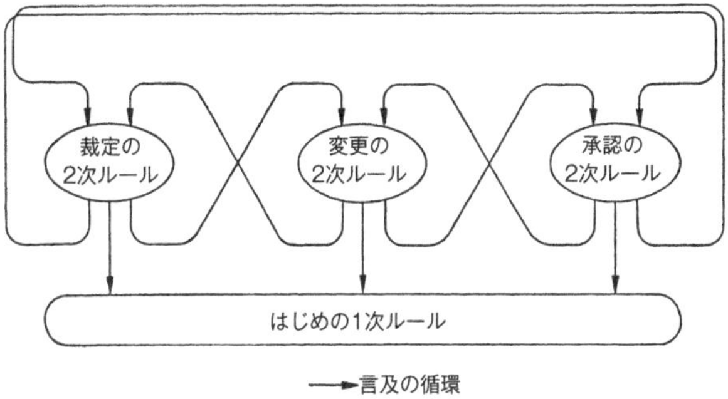

＊

1次ルール（にもとづくゲーム）と2次ルール（にもとづくゲーム）の関係は、もとの言語ゲームとその論理学の関係と、同じだろうか。

少し違っている、と考えられる。

論理学は、ルールを記述するだけなので、もとの言語ゲームを変化させない。

それに対して、2次ゲームは、1次ゲームのルールに言及し記述して、それが1次ゲームのルールだとする。これまで1次ゲームのルールに従っていた人びとは、今度は2次ゲームが記述したルールに従わなければならなくなる。(草野球の例で言えば、ルールブックができたあと、野球は、それまでと少し違ったものになる。）

このようなケースを、ヴィトゲンシュタインはとりあげていない。１次ルールと２次ルールについてのべたのは、ハートの独創的な貢献だ。

ルールと強制

以上のような考え方を、「法のルール説」という。

これは、「法の命令説」と対立する立場である。そこでハートは、『法の概念』のなかで、法の命令説と徹底的に論争している。

法の命令説は、ホッブズや、マルクス・レーニンの説。つまり、有力な学説である。国家権力が人びとに命令し、実力で制裁を加えると脅して言うことを聞かせるのが、法の本質だとする考え方だ。

この考え方によると、人びとは、国家権力がなければ、自分たちだけで法を守れないのである。

*

これは、ニヒリズムではないか。

ヴィトゲンシュタインは、こうしたニヒリズムに反対した。

ヴィトゲンシュタインが、言語ゲームのアイデアを通じて言いたかったのは、この世界の意味や価値は、権力などによらなくても、人びとのふるまいの一致によって、ちゃんと支えられているということだ。

人びとのふるまいの一致は、権力者の命令によるものでなく、自然発生的なものである。人びとには、規則（ルール）に従う能力が、元来そなわっている。この能力こそ、この世界を成り立たせる根源である。

*

法のルール説は、国家権力に反対しない。そのかわりに、国家権力も、ルールに従うべきだとする。

法や権力は、強制力（暴力）の裏付けがある。

法の本質が、ルールであるのなら、法や権力は、なぜ強制力をもつようになるのか。

それは、人びとの承認にもとづく。

ある人びとが、法を執行したり、命令したり、裁量をしたりして、権力をふるうのは、彼らにそうした権能を与えるルールがあって、人びとがそれを承認しているからだ。人びとがそれを承認しなければ、彼らは権力をふるうことができない。（ヒトラーが権力をふるうのも、議会が全権委任法を議決し、人びとがそれを合法と承認したからだ。）

民主主義は、すべての権力の作動がルールに従うように求める。

法のルール説は、権力が、人びとが自立的に法に従うことによって支えられ、人びとが自立的に法に従うことを損なわないよう、つまり、権力がまともに機能するように、法のあり方を工夫すべきだと考える。

*

言語ゲームのアイデアが、民主主義を強力に基礎づけることを、ハートが明らかにした。全体主義など、あってはならないのだ。

価値はゲームに宿る

ハートのもうひとつの貢献は、法のルールに関連して、内的視点（internal point of view)、外的視点（external point of view）を区別したことである。

内的視点とは、ある言語ゲームに属する当事者の視点。外的視点とは、その言語ゲームを外からながめる観察者の視点だ。

*

経済のゲームを例にすると、この二つの視点の関係がわかりやすい。

１万円札は、ただの紙きれだ。しかし、経済のゲームの内的視点からみれば、その紙きれが１万円の価値がある。道ばたに１万円札が落ちていれば、あなたは拾うだろう。みなが価値があると思うものを、あなたも価値があると思わないわけにはいかない。あなたは経済のゲームの外的視点から、それをただの紙きれとみることができるが、でも経済のゲームから、逃げられるわけではない。(逃げられると言うひとは、あなたの財布のなかの１万円を、私にください。)

*

演劇を観ているところを考えよう。

あなたは手に汗を握り、主人公の運命に一喜一憂する。舞台のうえの世界は、意味と価値に満ちている。けれどもあなたは、これが、しょせん演劇にすぎないことも知っている。二つの視点が併存するから、演劇を観る行為が可能になっている。

内的視点は、言語ゲームに属し、その価値や意味を理解する。外的視点は、それが事実として営まれていることを観察し、確認する。この二つの視点が交錯するところに、言語ゲームはその全貌をあらわす。

厳密ルール主義

ところで、さまざまな法のなかでも、ユダヤ法は、特別である。

ハートによれば、通常の法のシステムは、責務を課すルールを1次ルールとし、そこにさまざまな2次ルール（承認のルール、裁定のルール、変更のルール）がつけ加わったものである。裁定のルールは裁判に、変更のルールは立法に、だいたい相当するものと考えてよい。

これに対して、ユダヤ法は、責務を課すルール（刑法や民法にあたる）だけではなく、食事や服装など生活様式の全般に、ルールの範囲が拡がっている。それがルールとして記述され、神に対する義務（＝契約、ないし宗教法）となっている。

ユダヤ人は、弱小民族で、他民族の圧力にさらされていた。ユダヤ民族としての独自性を失い、他民族に吸収同化されてしまう可能性もあった（特に、バビロン捕囚）。そのようなときユダヤ民族は、自分たちの生活様式をまるごと、ルールとして記述し、聖典（ルールブック）にまとめて、それを神との契約（神に対する法律的義務）としたのである。

日本に置きなおすと、こんな感じだ。「正月には、雑煮を食べなさい。切り餅、または丸餅を入れ、鶏肉と里芋も忘れないこと。風呂の湯は３８度から４２度のあいだにしなさい。夏は浴衣とうちわで、下駄を履き、花火大会に行くこと。…。」以上を、天照大神に約束するように。

これなら、何十年もの間ニューヨークに拉致されても、日本人のままでいられるだろう。

こういうやり方を、「厳密ルール主義」とよぶことができる。

H・L・A・ハートも、ユダヤ系の知識人だった。ユダヤ教のあり方が、彼の学説にヒントを与えていたとしても、おかしくない。

*

ユダヤ人は、法を「神との契約」とすることで、法を変更不可能なものにした。そのいっぽう、審判（法学者）があらわれ、人びとが法に従っているか、法の解釈のむずかしいところはどう解釈するか、指導することになった。

法が、神に対する義務であれば、それは権力者（国王）に対する義務ではない。

そこで、ユダヤ教では、権力者が法（神の命令）に従っていないと批判する、預言者が現れることが可能になる。エジプトのファラオを批判するモーセもそうだし、ダビデ王を批判するナタンや、ヘロデ王を批判する洗礼者ヨハネもそうである。洗礼者ヨハネは、ヘロデ王に首を斬られてしまった。

預言者が活動できるのは、法と権力が分離しているからである。

イエスもこの意味の、預言者である。イエスは、神を冒瀆するものとされ、死刑の判決を受けて、十字架につけられた。

権威への服従

キリスト教は、ユダヤ教のこの伝統と、微妙にずれている。

キリスト教は、イエス・キリストを通して新しい契約が結ばれたので、それ以前のユダヤ法（厳密ルール主義にもとづく法律）は無効になった、と考える。代わりの法律は、存在しない。そこでキリスト教徒は、世俗の法律（たとえば、ローマ法）に従う。

イエスを神の子・キリストと考えたパウロは、そのいっぽうで、『新約聖書』に収められている「ローマの信徒への手紙」のなかで、つぎのようにのべてもいる。

《人は皆、上に立つ権威に従うべきです。神に由来しない権威はなく、今ある権威はすべて神によって立てられたものだからです。従って、権威に逆らう者は、神の定めに背くことになり、背く者は自分の身に裁きを招くでしょう。》（13:1–2）（新共同訳）

ドイツ国民（ルター派のキリスト教徒が多い）が、ヒトラーの命令に服したのは、ひとつには、聖書のこの箇所が理由になっているという。ヒトラーは、合法的に選ばれた統治者だからだ。合法的な統治者に従うことは、神に対する義務なのだ。

*

『ワルキューレ』という映画がある。トム・クルーズ扮するドイツ国防軍のフォン・シュタウフェンベルク大佐が、ヒトラーの暗殺をはかる実話だ。時限爆弾は爆発したが、ヒトラーは軽傷で助かった。

国防軍は、総統ヒトラー（総司令官）に忠誠を誓っている。ヒトラーがどれほど間違っていようと、命令に違反するわけにはいかない、ヒトラーが生きている限りは。そう、ヒトラーが死ねば、話は別だ。暗殺は唯一の方法だった。

*

話を戻そう。

キリスト教は、宗教法をなくして世俗の法だけにしてしまったので、人間が法をつくるという考え方に抵抗がない。そこで、議会で、人民の代表が法律をつくる、つまり近代民主主義の考えがうまれうる。（その病理形態である、独裁政治もうみだされる。）

審判ムハンマド

イスラム教は、キリスト教よりもユダヤ教によく似ている。
イスラム教は、ルールブック（『コーラン』）と、審判（ムハンマド）のいる言語ゲーム、だと理解できる。神との契約に従い、『コーラン』ほかにもとづく宗教法（イスラム法）に従うのが、イスラム教徒（ムスリム）の義務である。
ユダヤ教と違うのは、特定の民族（たとえば、アラビア人）の風俗習慣に、もとづいていないこと。エスペラント語のように、世界中の民族、人類全体に開かれたルールだと考えられている。また、ムハンマドが「最後で最大の預言者」と信じられている（『コーラン』にそう書いてある）ので、預言者がもう現れられなくなっていること。むろん、今後、イエス・キリストみたいな存在が現れる心配もない。
ムハンマドが死んだ。「審判（ムハンマド）のいる言語ゲーム」が、「審判（ムハンマド）のいない言語ゲーム」に移行した。どうなったろうか。
ムハンマドは「神の使徒」「最後で最大の預言者」だから、代わりをみつけることができない。そこで、ムハンマドの役割（政治家・兼・最高司令官・兼・裁判官）を、二つにわけ、政治家・兼・最高司令官としては「神の使徒の代理人」（これを、カリフという）を立てる。裁判官としては、法学者がその役割を務める。こうして、「ルールブックとカリフと法学者のいる言語ゲーム」に移行したのだ。

*

法学者の仕事は、『コーラン』その他のルールブックを読んで、解釈することである。解釈しなければ、イスラム法を現実に適用できない。

ところで、解釈は、人間のわざである。それに対して、イスラム法は、神からのもの（啓示）である。神からのものを、人間のわざで汚してしまってよいものか。

それを、こんなふうに考える。

解釈は人間のわざだが、恣意的に行なってはならない。原則をたて、それに忠実に行なう。その原則は、『コーラン』のなかに書いてある。『コーラン』が、解釈を正当化する。

「原則が『コーラン』のなかに書いてある」も、人間の解釈ではないかと思うのだが、それはともかく、こうやって正当化を完結させる。それぐらい、イスラム法学は注意ぶかく組み立てられているのだ。

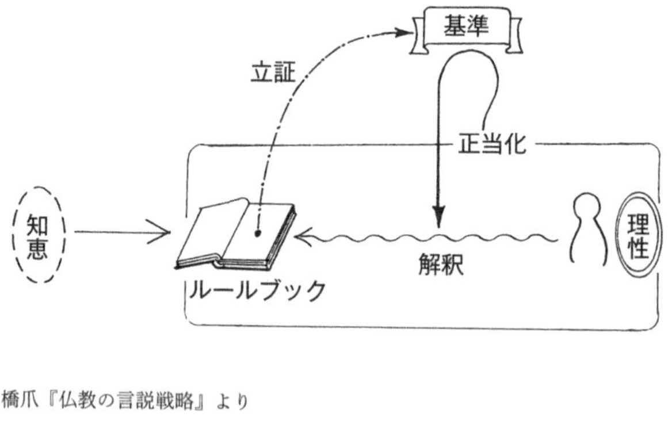

橋爪『仏教の言説戦略』より

＊

その後もイスラム教は、変遷（発展）を続けるが、「神との契約（＝イスラム法）を守る」という根本は変わらない。つまり、イスラム教にとって、法とは神のもの、宗教法であって、変化することはない。そして、人間が権威ある法（たとえば、憲法）を立法するという考え方がない。

このため、無理に西欧流の近代化をすると、イスラム教の原則と合わないところが出てくる。イスラム諸国の、悩ましい問題だ。

イスラム教のこうした構造と、キリスト教文明との関係を考えるのにも、言語ゲームのアイデア、そしてハートの法理論（1次ルールと2次ルール）は、とても役に立つのだ。

（宗教については、私の『世界がわかる宗教社会学入門』ちくま文庫、宗教と法については同じく『人間にとって法とは何か』PHP新書、を参考にして下さい。）

第9章
覚りの言語ゲーム

月曜（立川武蔵『曼荼羅の神々』より）

一神教から遠く離れて

言語ゲームは、ヨーロッパの伝統哲学のどまん中から、思いつかれたアイデアだ。そして、世界のあらゆる人びとのふるまいを、包み込むだけの普遍性をもっている。

それなら、ユダヤ教やイスラム教など、ヨーロッパのキリスト教文明に近い宗教ではなく、それとかけ離れた文明の、西欧的な伝統と関係ない宗教も、解明できなければならない。

そこで、そんな宗教の代表として、仏教をとりあげよう。仏教が、言語ゲームでどこまで解明できるか、やってみよう。

*

仏教は、インドで始まり、スリランカや東南アジアや中央アジアやチベットに拡がり、中国や日本にも伝わった。つまり、ひと口に仏教と言ってもいろいろあるわけだが、ここでは、インドで生まれた当初の、初期仏教を扱うことにする。

仏教は、紀元前6世紀ごろ、いまのネパールに生まれた、ゴータマ・シッダルタ（お釈迦様＝釈迦牟尼世尊、以下、釈尊）が開いた教えである。

釈尊は、２９歳で出家し、6年の修行ののち、３５歳で菩提樹下で覚りを開いた（ブッダとなった）。そして、弟子たちを教えたのち、８０歳で、沙羅双樹の下で亡くなった（入滅した）という。

釈尊の教えが、多くの経典にまとめられて、伝わっている。

*

釈尊の弟子（出家者）たちの集団のことを、サンガ（僧伽）という。

サンガの規則（ルール）は、釈尊自ら制定したとい、『波羅《はら》提木叉《だいもくしゃ》』という書物にまとめられている。仏教の出家修行者のための、ルールブックである。ここには、修行者たちが従うべきルール（戒という）が二五〇条にわたってまとめられている。二五〇も戒があれば完全だという意味で、「具足戒」とよぶ。

覚りをめざす

仏教とは、どういう運動か。

一神教とは、まるで違っている。

仏教は、神に関心がない。神は、いてもいなくてもいい存在にすぎない。その代わりに、この宇宙の「真理」を重視する。それを覚る（認識する）ことが、人間にとっていちばん大事だと考える。

「真理」のことを、法（ダルマ）とよぶ。法を覚って、ブッダ（覚ったもの）となることが、仏教の究極の目的である。

仏教で法という場合、法律という意味ではないから注意しよう。法（ダルマ）は、誰かが制定したものではなく、宇宙にはじめからそなわっている。つまり、自然法則のようなものだ。

＊

では、法を「覚る」、とはどういうことか。

それは、ダルマ（宇宙の法則）を認識し、それと自分が一体になることだ。

これは、誰もが、自分でやらなければならない。ひとに教えてもらうことはできない。自分で努力しないと、覚れないのである。

この意味で、仏教は、徹底して個人主義的だ。

仏教は、自発性を重視する。出家するのも自分の意思なら、修行するのも自分の意思。強制され、ひとに命じられてやるのでは、修行にならないから、意味がない。(修行は、覚りをめざし、その原因を積むように行動することをいう。)

このように仏教は、一神教と発想がだいぶ違っている。一神教では、神の命令に従うことが、信仰の基本だったから、正反対だ。

覚りをめざす運動

このような仏教をめぐって、いろいろな疑問がわいてくる。

第一の疑問。なぜ人びとは、覚りをめざすのか。

覚りは、価値のある、すばらしいこと。——仏教徒は、そう信じる。そして、厳しい修行を続ける。

いったい、なぜ、覚りがそんなにも価値あるものだとわかったのか。

覚りは、法(宇宙の真理)を認識した状態。それがどんなものかは、覚ってみなければわからない。釈尊は、覚ったのだが、いまは亡くなってしまった。だから、覚りはどんな状態ですかと、聞いてみるわけにもいかない。経典を読んでも、覚りの状態について、具体的な説明がない。仏教徒の修行者は、修行しているぐらいだから、まだ誰も覚っていない。聞いてもむだである。

つまり、誰も覚りがどんなに価値ある状態か知らないのに、それが価値あるものだと信じ、熱心に修行しているのだ。

＊

これは、ゴールドラッシュと似ているだろうか。

似ていない。

ゴールドラッシュで、金を掘りまくっている人びとは、誰もまだ金をみつけていない。でも、金がどんなに価値あるものか、誰でも知っている。金をみたこともあるし、金の値段もわかっている。

いっぽう覚りは、金と違って、見たこともないし、その価値をはっきり説明できるわけでもない。

それなら、なぜ人びとは覚りをめざすのか。

覚りをめざさなくてもよい。そういう人びとは仏教徒にならなかった。覚りをめざしてもよい。そういう人びとが仏教徒になった。そういう人びとにとって、覚りは明らかに価値がある。覚りは、明らかに実在する。

これは、どういうメカニズムによるのだろう。

『ゴドーを待ちながら』の原理

ノーベル賞作家、サミュエル・ベケットに、『ゴドーを待ちながら』という戯曲がある。これをヒントにして、考えてみよう。

第一幕。2人のホームレス（ウラジミールとエストラゴン。ゴゴーとディディーという演出もある）が、ゴドーのやって来るのを待っている。でも、ゴドーはなかなか現れない。約束したのになあ。約束の曜日を間違えたかなあ。暇つぶしに2人は、他愛のないおしゃべりをし、そうこうするうち、第一幕は終わってしまう。

観客は、いくらなんでも第二幕にはゴドーが現れるに違いない、と期待する。

ところが。第二幕も、だいたい第一幕と同じ。ゴドーは結局現れないで、幕が下りる。入場料返せ、と言いたいところだが、こういう難解な前衛芸術を理解できる立派な観客であるところをみせるため、がまんして帰宅する。そんな作品だ。

*

この舞台は、イエス・キリストの再臨を待ち望むヨーロッパ文明をあてつけた作品だ。ユダヤ人のサミュエル・ベケットは、キリストがなかなか再臨しないのを皮肉ったのかもしれない。ともかく観客は、登場人物の2人がゴドーを待っているのをみているうちに、舞台の袖にゴドーが隠れていて、いまにも現れるのではないかと思い始める。

待っていると、待ち人が実在し始める。

もっと一般的に言おう。

言語ゲームを実行していると、その言語ゲームの前提が実在し始める。

これを、『ゴドーを待ちながら』の原理、ということにする。

*

仏教の言語ゲーム（覚りを求める）を実行している

と、この原理によって、その人びとにとって、覚りが実在し始める。人びとは、そのゲームの内的視点に立つかぎり、ゲームの前提を疑うことはできない。

覚りが実在するから、覚りを求めるのではない。覚りを求めるから、覚りが実在するのだ。

痛みと覚り

覚りが実在するのは確かだとして、覚ったかどうかは、本人にしかわからない。誰が覚ったか、別な人間にはわからない。

誰かの内面を、外からうかがい知ることができないという点で、覚りは、私的感覚（たとえば、痛み）と似ているように思える。

＊

痛みについて、ヴィトゲンシュタインは『探究』のなかで、詳しく考察していた（第6章参照）。

その結論。「痛い」は、感覚の名前ではない。感覚の名前だと考えると、自分が痛いときだけしか、「痛い」と言えなくなる。相手が痛いかどうか、自分にはわからないからだ。そうではなくて、「痛い」は、自分が痛いとき、そして相手が痛いときのふるまいである。ふるまいだから、お互いに観察できる。自分も相手も、誰もがひとしく「痛い」と言う権利があって、それは、痛いということなのである。——これが、ヴィトゲンシュタインの明らかにした私的感覚の言語ゲームのしくみだ。

誰でも痛みを感じる。痛みがどういうものか、誰でもわかっている。(ただし、誰もが同じ痛みを感じる(と誰もが思っている)のは、誰もが同じ状況で「痛い」と言うこと(痛みの言語ゲーム)の結果なのであるが。)

*

いっぽう覚りは、痛みと違って、誰でもふつうに経験することではない。

誰かが「覚った」と言った場合、それが本当かどうか決める方法がない。覚りは、一生に一回、ごく一部のひとに訪れるものなので、人びとのふるまいの一致を期待できないのだ。

*

そういう状態で、仏教がどういうふうに始まったかと考えてみると、おそらくこういう順番だ。

(1) 修行者たちが、覚りをめざして、思いおもいに修行をしていた。そして、誰かが覚ったかなあと、互いに訊ねあった。(覚りを訊ねあう言語ゲーム)

(2) そんななか、「釈尊が覚った」と信じる人びとが集まり(サンガ)、釈尊の指導を受けて修行を始めた。(釈尊を標本とする言語ゲーム)

(3) そのうち、釈尊が死んでしまったので、代わりに釈尊の教え(経)を伝えて、修行を続けた。(経を伝持する言語ゲーム)

(実際は、もうちょっと複雑なプロセスを踏む。詳しいことは、私の『仏教の言説戦略』を参照してください。)

大妄語戒のロジック

ところで、サンガの戒（修行のルール）のうち、もっとも重大な違反が、「大妄語戒《だいもうごかい》」である。覚ってもいないのに、覚ったと嘘をついてはいけないというルールだ。

そういう嘘をついては、もちろんいけない。でも、どうやって嘘だとわかるのだろう。

サンガの修行者たちは釈尊を手本に、覚りをえようとがんばっている。だから、修行が進めば、覚っても当然。私は覚りました、と言い出す修行者が現れるのは、望ましいことなのだ。

でもそれが、嘘なのかどうなのか、ほかの修行者には決められないはず。それなら、そういう嘘はいけないというルールは、実際の役に立つのだろうか。

*

『波羅提木叉』をみてみると、こう書いてある。

《いずれの比丘《びく》といえども、…満足なる聖知見をその身に体得せるものの如く「我はかく知り、我はかく見る」とて世間に布告すならば、而してその後に他より追及せられて、あるいは追及せられざるも罪の清まらんことを欲して「友よ、我は知らずして知る、見ずして見ると称し、虚妄の言を吐けり」と語るならば、これもまたパーラージカ（波羅夷《はらい》罪＝追放処分）…な

り。》（第四戒）

要するに、「覚った」と言ったあとで、本人が「いまのは嘘でした」と認めた場合に限って、「大妄語」の罪が成立するのである。

本人が嘘だと認めれば、それは嘘に違いない。（嘘だと認めたことが嘘だった、という場合もいちおう考えられるが、覚ったひとは嘘などつかない。それに、嘘だと認めたことが嘘なら、やっぱり嘘はついているのだ。）だから、ルールを運用できる。大妄語戒は、単純に“嘘はいけない”というルールではない。『波羅提木叉』は、言語ゲームのロジックをちゃんと踏まえてつくってあるのだ。

自発性と強制

第二の疑問。たいていの集団は、ルールを強制することで秩序を保っている。修行（自発的にルールに従うこと）を徹底的に重視する仏教の場合、集団の秩序はどのように保たれるのだろう。

*

初期の仏教のサンガの戒には、こう書いてある。

ある一定の範囲（界という）の出家修行者（比丘）たちは、月に二回、全員で集会を開きなさい。集会では、二五〇条の戒を順番に読み上げ、違反をした者は自発的に名乗り出なさい。

違反をした者が名乗り出なかったら…？、とは考えない。妄語戒（嘘をついてはいけない）という戒があるから、出家修行者は、それを守って名乗り出るはずだ、と考える。サンガは、覚りを開くことを目的にする修行者の集まりだから、そうした人びとの自発性を前提にし、あてにできるのだ。

*

戒もルールだから、違反したら、罰（ペナルティ）がなければならない。これと、自発的な修行とは、どう両立するのか。

サンガの戒には、こう書いてある。

戒に違反した修行者は、戒にあらかじめ決めてあるペナルティを、自分で実行しなさい。たとえば、ひとりで謹慎するとか、口に出してあやまるとか。ほかの修行者が、それをそばで見ていて、確認しなさい。

罰は原則として、自己処罰。誰かが強制的に処罰したのでは、修行としての意味がない。なんでも自発的に行なうという考え方なのである。

*

ほんとうに重大なルール違反（殺生、偸盗《ちゅうとう》、邪淫、大妄語）の場合は、サンガを追放になる。

これは、強制処分のようだが、本人がサンガを離れたあと、自分勝手に修行を続けるのを妨げはしない。

一神教の場合、ルールの基本は「神の人間に対する命令（＝契約）」だから、強制であってかまわない。またその系として、「人間の人間に対する命令は絶対でない（＝自由）」が導かれる。だから、権力がなにかを強制する場合は、それが人びとの自由と両立することを証明しなければならない。

仏教は、一切の強制を排除する。それは、サンガが出家者（社会を離れた修行者）の集団だから、可能となっている。裏をかえすと、出家者でない人びと（ふつうの社会）には、強制があってよい。

このように、言語ゲームを下敷きにすると、一神教の社会とそうでない社会の、原理の違いが明らかになる。

全員一致の原則

第三の疑問。自発的な出家修行者の集まりである、サンガのメンバーシップは、どのように管理されているのだろうか。

これを理解するのに、サンガのルールをよく調べてみよう。

サンガのルールには、戒と律とがある。戒（sila）は、修行者が自発的に従うルール。律（vinaya）は、サンガを集団として運営する規則。このふたつを合わせて、戒律というのだ。

戒は、洗礼と似ていて、自分で自分に授けることができない。授戒羯磨《こんま》という会合を開いて、サンガに加入する新参者に戒を授けてやる。このときに、「戒体」が修行者に宿って、修行を助けるのだという。「戒体」は、人びとが規則（ルール）に従うことの原因を、実体化したものだ。

＊

律は、会合の開き方を定めている。

サンガでは、ものごとを決める場合、多数決ではなく、全員一致で決めることになっている。なぜか。多数決で決めると、少数が多数に従うことを強制されてしまうからだ。人びとが自発的に修行するサンガで、こんなことがあってはならない。だから、なにかを決めるときには、全員一致である（和合僧）。

全員一致では、なにも決められない、と思うかもしれない。だがそもそも、サンガでは、決めることなどあまりない。

サンガは出家修行者（つまり、社会の外に出た人びと）の集まりだ。一人ひとりが対等の個人で、独立している。上下関係もない。社会組織もない。私有財産もない。家族もない。「ホームレスの集まり」に近いものがある。

そこであえて、全員一致でものごとを決める、という律（ルール）を設定してあるのだ。こうすれば、人びとの自発性にもとづいて、サンガを組織したことになる。

一神教では、神の意思に従うことが大事だから、個々人の自発性は重要でない。一般社会でも、秩序を維持することが大事だから、個々人の自発性を尊重できない場合が多い。

仏教のサンガの組織原理は、これと異なる。サンガが出家者の集まりで、社会と「分離」しているから、こういうやり方が可能になっている。

税か布施か

サンガは、社会と「分離」し、結婚も私有財産も否定する。それでも、社会と関係を保っている。

サンガは、社会から完全に分離してしまうと、それ自体が小さな社会になってしまう。そこには、政治権力も、刑法も、経済も、家族も、そなわってしまうだろう。これでは、分離した意味がない。

*

出家修行者が、結婚せず、私有財産を持たず、労働もしないのは、在家の人びとに依存して生きていく、という意味である。食事は、在家のひとにわけてもらう。これは強制ではなく、自発的な贈与（布施）である。自発的な贈与だから、在家の人びとに、よい原因（功徳）をつくることができる。

カトリック教会や修道院は、独身者の集まりで、サンガに似ている。しかし、その経済は、税によってまかなわれている。税は、強制的に人びとから集めるもの。神の命令だから、税を集めてかまわないのだ。

ヨーロッパ中世に、教会領があった。日本の中世にも、寺社領があった。けれどもその基盤は、異なっている。日本の場合、行政命令で、寺社領を没収することができた。それは寺社領が、自発的な贈与（荘園）を基盤にしていたからだ。

このように、さまざまな社会の類似と差異を、その社会の基本となるルールの性質によって、考察していくことができる。

部分ゲームと拡大ゲーム

釈尊が亡くなって数百年すると、「大乗仏教 Mahayana Buddhism」が出現する。

大乗仏教は、出家を否定する、在家修行者たちの運動だ。

釈尊は、出家して修行した。釈尊は、覚りをめざす弟子たちのため、サンガのルール（戒）を制定した。その出家を否定する大乗仏教が、なぜ「仏教」といえるのだろう。

*

大乗仏教の担い手は、成仏をめざす在家修行者（菩薩）たちである。彼らは、釈尊の覚りは、釈尊の弟子たちの覚りよりも、ランクが高いと考える。釈尊が修行したとき、まだサンガはなかった。釈尊は、サンガの戒律に従って修行したのではなかった。つまり、サンガの戒律に従うことは、ブッダ（覚ったひと）となるための、必要条件でも十分条件でもない。それならば、サンガの戒律を無視すればよい。

大乗仏教にとっていちばん大事なのは、ブッダになるための条件をととのえることである。釈尊は、前生で、在家者として修行をかさね、ついにブッダとなった。おなじ条件をととのえれば、在家者もブッダになれる。大乗経典は、そうした在家者（菩薩）たちの活躍を描いている。

けれども、大乗仏教は、サンガの仏教（小乗仏教）を完全に否定するわけにはいかない。釈尊が覚ったあと、弟子を集めてサンガを組織したのは間違いないからだ。釈尊を理想とするなら、釈尊がしたように、自分たちも将来、サンガを組織すべきである。

*

こうして、大乗仏教は、サンガの仏教（小乗仏教）のルールをみとめたうえで、それを無視する。自分たちは、そのルールに縛られない、もっと大きな言語ゲームのルールに従っている、と主張する。

大乗仏教は、小乗仏教をその一部分として含み、それに縛られない。小乗仏教は、大乗仏教の部分ゲーム（大乗仏教は、小乗仏教の拡大ゲーム）、ということができるだろう。この関係は、複素数と実数の関係にちょっと似ている。

キリスト教とユダヤ教

大乗仏教の小乗仏教に対する関係は、キリスト教のユダヤ教に対する関係と、似ているかどうか。

*

ユダヤ教は、ユダヤ教徒が守らなければならない、細かなルールをそなえている。これは、モーセの律法（『聖書』のうち、創世記、出エジプト記、レビ記、民数記、申命記）で決められている。ユダヤ教徒は、このルールを守って生活する。これが、ユダヤ法（律法）である。

ユダヤ法は、食物規制（ウシやヒツジは食べてよいが、ブタなどの汚れた動物は食べてはならない、などのルール）、安息日（土曜日に働いてはならない、など）、十分の一税（収穫の十分の一を供える）など、日常生活の細かなルールを定める。これは、ユダヤ人の生活様式をルールに記述し、それを神に対する義務と考えて、ユダヤ人のアイデンティティを維持することを目的としていた。

福音書は、イエス・キリストがパリサイ人（律法学者）と論争したと伝えている。律法とは要するに、ユダヤ法のことだ。イエスは、律法を厳格に守ることを人びとに要求すると、差別がうまれ、もっとも救いを必要とする人びとがかえって苦しむことになる、と主張した。

*

キリスト教徒は、イエスをキリスト（救世主）で神の子と信じ、イエスによって、神との契約が更改されたと考える。モーセの律法は、ふるい契約（旧約）となって、効力を失った。キリスト教徒は、旧約聖書と新約聖書を、神の言葉をしるす『聖書』と考える。けれども、旧約聖書を新約聖書によって理解する。

キリスト教は、テキストを新しくつけ加えて、ユダヤ教のルールを無効にした。これは、新しい経典をつけ加えてサンガのルールを無効にした、大乗仏教と似たやり方である。

大乗仏教の修行のルール

大乗の修行者（菩薩）は、小乗のサンガのルールに従わないとすれば、どのようなルールに従えばよいのか。釈尊は、何ものべていない。それは、大乗経典のなかに書かれている。

ある経典は、念仏を勧める。ある経典は、写経を勧める。ある経典は、利他行（ボランティア活動）を勧める。

結局、大乗仏教に共通するルールは決められなかった。そこでいつのまにか、大乗仏教の修行者たちも、小乗のサンガのルールを採用するようになった。大乗の出家者、が当たり前になり、中国にも日本にも伝わった。

＊

この点は、キリスト教と異なっている。

キリスト教は、福音書のイエスが、明確に律法（ユダヤ法）を否定しているために、ユダヤ法が復活することはなかった。

そのため、キリスト教の教会は、『聖書』に定めがないので、世俗の法律と無関係に、自由に組織することが伝統になった。こうしたキリスト教文明のあり方も、仏教のルールと対照することで、その特徴が明らかになる。

第10章
本居宣長の言語ゲーム

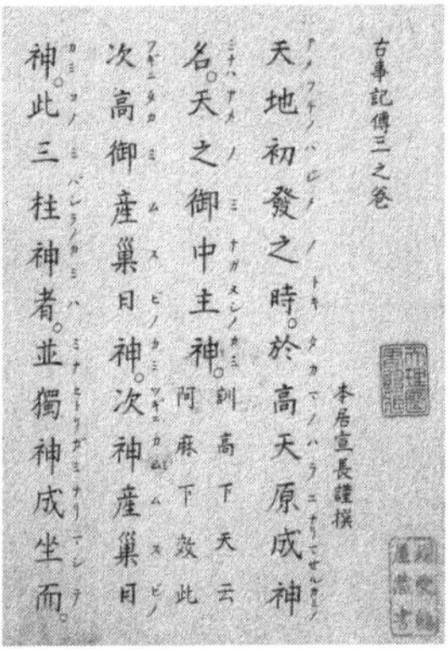
古事記傳三之巻
本居宣長謹撰
天地初發之時。於高天原成神
名。天之御中主神。訓高下天云阿麻下效此
次高御産巣日神。次神産巣日
神。此三柱神者。並獨神成坐而。

本居宣長『古事記伝』

忘れられた江戸時代

江戸時代、日本人は何を考えていたのか。

いきなりそんなことを聞かれても、戸惑うだろう。それにいったい、言語ゲームとなんの関係があるの？と言われてしまいそうだ。

じつは言語ゲームと、関係おおありなのだが、それはあとのお楽しみにして、まず、江戸時代についておさらいしよう。

*

戦国時代が１００年も続いたので、民衆は戦争に飽き飽きしていた。だから江戸幕府を、歓迎した。

江戸幕府は、武士の政権で、武士は戦争が仕事だ。でも、それをやめにしろ、と幕府は命令した。かわりに、儒学の本でも読んでいなさい。

幕府の政策は、士農工商の身分をはっきりさせ、農民から武器をとりあげる（刀狩）。不必要な要塞を取り払い（一国一城）、兵力に一定の上限を設ける（石高）。戦争をやめた武士は、もっぱら行政をやることになった。

江戸時代は分権的で、三百あまりの地方政府（藩）があった。行政は、たくさん文書をつくる。徳川家康が武士に儒学を奨励したのは、読み書きができなければ行政ができないのも、理由のひとつだ。

もうひとつの理由は、儒学には「正しい政府」という考え方があること。実力で勝手にのしあがってきた武士たちに、「下剋上はだめだから、正しい政府に従いなさい」と教えることができる。とくに朱子学は、儒学のなかでも「正統論」を重視しているので、ちょうどよかった。朱子学を勉強すれば、幕府を正しい政府と認めて、武士はおとなしくなるだろうと期待したのである。

*

江戸時代、仏教はすっかり色あせ、かわりに儒学が共通の常識になった。あとで、国学や蘭学が出てきたが、ベースはやはり儒学である。

では、儒学を学んで、江戸時代の知識人は、いったいなにを考えていたのだろう。

たった数百年前のことなのに、想像がつきにくくなってしまった。明治維新のあと、日本人は、江戸時代の人びとがなにを真剣に考えていたのか、忘れてしまったのだ。

武士と儒学のミスマッチ

江戸幕府の政策に、武士たちはさぞ当惑したろうと思う。でも真面目な彼らは、幕府の言うことなら仕方がない、ご時勢だと、論語を手始めに、四書五経をよく勉強した。そして、てきぱき行政を処理できるようになった。

*

江戸時代になるまで、つまり、室町時代から戦国時代にかけて、儒学のテキストを読んでいたのは僧侶たちだった。お経は漢字で書いてある。同じ漢字で書いてあるからと、儒学もついでに勉強し、武士のために行政文書を作成してやっていた。

この役割を、右筆《ゆうひつ》という。

武士の学力が高まると、そのぶん、僧侶の出番は減った。

*

最初は、儒学のテキストには何が書いてあるんだろうという、おっかなびっくりのお勉強の段階。それがすむと、あれこれ自分なりの考えが出てくる。

まず、政治のやり方について書いてあるので、儒学はけっこう参考になる。

つぎに、中国は日本とだいぶ違うなあ、と思う。違いすぎて、儒学の原則を日本にどうあてはめればよいのか、悩んでしまう。

儒学の原則は、「教育を受ければ誰でも政治に参加できる」である。儒学のテキストを学んで高い学力をつければ、高級官僚も夢でない。それを保証するチャンスが、科挙である。

けれども、江戸時代の日本は、そうなっていない。政治を行なうのは、武士の特権である。身分制度があって、農民や町人は政治に参加できない。むろん、科挙もない。

武士の子は武士。家制度に守られ、世襲で、政治にたずさわる。儒学の学力があるか、チェックもされない。そんな武士が、幕府に言われたからと、儒学を勉強する。武士と儒学ぐらい、ミスマッチな組み合わせもないだろう。

朱子学のドグマ

朱子学は、南宋の朱熹《しゅき》（1130-1200）のとなえた学説で、儒学を体系化したもの。明、清代には正統教義として中国人の思想を支配し、朝鮮に伝わり、日本でも江戸幕府に採用された。

朱子学の結論をひとくちで言うと、科挙の正当化である。儒学をきちんと勉強した知識人を、政治家（官僚）に任命して、政治をさせましょう、というものである。

*

儒学の歴史は、儒学に反対する勢力との戦いの歴史だった。秦の始皇帝の時代には、法家とあらそって敗れ、焚書坑儒《ふんしよこうじゆ》にあった。漢の時代に儒学が復権してからも、皇帝の親族や姻戚、貴族、地主、軍人、宦官《かんがん》といった勢力と闘争を繰り返し、宋の時代にやっと勝利を収めた。試験にパスしないと政治家になれない、という科挙のルールは、貴族や地主や軍人や…を排除することを目的にしている。

朱子学の原則から、江戸幕府のシステムをみると、どうみえるか。

武士（軍人）が実力で政権を手に入れた。これを、覇道という。しかもその政権を、世襲している。どうみても、朱子学の原則と正反対である。

*

朱子学を勉強すればするほど、そういうことがわかってくる。

勉強のやりすぎで、頭のなかが朱子学になってしまった人びともいた。「中国人に生まれなかったのは、一生の不覚だ」「日本も科挙をやるべき」「和服をやめて中国服を着よう」……。

これをつき詰めると、儒教原理主義。江戸幕府を批判する、反体制運動になってしまう。

大部分の武士たちは、そこまで思い詰めない。江戸幕府が政権を担当している現状を認めたうえで、朱子学をどう取り入れたらいいかと考えた。

ここで3人の学者に注目したい。山崎闇斎《あんさい》、伊藤仁斎、荻生徂徠の3人である。

朱子学を批判する

朱子学は、孔子孟子のもともとの教えそのままではない。朱子の時代（宋代）の中国社会に合わせて、原典を読み直した「解釈」である。

宋代の中国は、春秋戦国のころと違って、統一政権が成立し、官僚制が整備されている。その実情にあわせて、テキストを読む。かなり強引な解釈をする場合も出てくる。

*

伊藤仁斎（1627-1705）、荻生徂徠（1666-1728）は、これを問題にした。

朱子学は、中国の実情（政治的な要求）に合っているのだろうが、原典から明らかにずれている。学問として、おかしい。日本の儒学者は中国の実情など関係ないから、純粋に学問として、儒学をやればいいじゃないか。

伊藤仁斎は、京都の下町で塾を開き、「古義学」を唱えた。荻生徂徠は、江戸の日本橋で塾を開き、「古文辞学」を唱えた。二人とも、朱子学を批判し、孔子孟子の原典に帰るべきだと説いた。朱子学が日本の現状と合わないのは、日本のせいではない。朱子学が、当時の中国の実情に合わせて、原典をねじ曲げて解釈したせいだ。孔子孟子は、政治をよくしようと、もっと柔軟にものごとを考えていた。日本が学ぶべきなのは、儒学の原典の精神ではないか、と。

*

私が感心するのは、伊藤仁斎や荻生徂徠の方法が、とても合理的・科学的なことだ。

二人の仕事は、原典（孔子孟子）にもとづいて解釈（朱子学）を批判する、という点が共通している。

それには、原典の意味を知らなければならない。

儒学のテキストは、大昔の、しかも外国語である。それを、返り点送り仮名をつけて、日本語のように読んではだめ。朱子学や、後世の解釈を手がかりにしてもだめ。原典の意味は、原典にそくして明らかにしないといけない。

この原則をつきつめると、連立方程式のような考え方になる。ある言葉の意味は、それがテキストのなかで、どんな文脈（用例）で使われているかをたくさん調べて、明らかにする。文脈は、別の言葉の並びである。そこで、別の言葉の意味も同様に、それがどんな文脈（用例）で使われているかを調べて、明らかにする。解釈なしに、意味を確定するには、このやり方しかない。この連立方程式を解くと、それぞれの言葉の意味も、テキストの意味も、いっぺんに明らかになるのだ。

この方法は、近代的なテキスト解析のやり方そのもの。合理的・科学的である。それを独力で考えついたのは、なかなかのものではないか。

ルターと似ている

このようなテキストの読み方は、実は、宗教改革の立役者マルチン・ルターの、聖書の読み方とよく似ている。

そこで、もう少しだけ、寄り道を許してほしい。

*

ルターの時代には、ヨーロッパの学力が高まって、聖書の原文（旧約聖書はヘブライ語、新約聖書はギリシャ語）が読めるひとが増えた。ルターも読んでみると、ローマカトリック教会の教義とずいぶん違う。カトリック教会は、聖書に書いてないことや、デタラメな教義を、いろいろ教えていたのだ。

そこでルターは、疑問に思った点を９５ケ条の質問にまとめて、公表した。カトリック教会と論争になった。論争しているうちに、ローマ教皇の権威を否定してしまう。宗教改革のスタートだ。

*

なぜルターは、カトリック教会の教義を批判できたのか。

教会の教義は、しょせん、人間の考えた解釈だ。それに対して、聖書は神の言葉。どちらに権威があるかは、明らかだろう。そこで、「神の言葉」を根拠に、

「人間の解釈」を批判することができる。教会の解釈と関係なしに、聖書の原典を直接読み、「神の言葉」を知ることが重要になるのだ。

原典を根拠に、解釈を批判する。——この構図が、伊藤仁斎や荻生徂徠の朱子学批判と、パラレルになっている。図にしてみると、こんな具合だ。

聖書（神の言葉）	**経典（孔孟の教え）**
｜	｜
スコラ哲学（解釈）	**朱子学（解釈）**
｜	｜
ルター（聖書中心主義）	**仁斎・徂徠（原典に帰れ）**

儒学と国学の合わせ技

では、こうした批判は、どういう結果をもたらしたか。

ルターの宗教改革は、ヨーロッパに革命的な変化をひき起こした。

カトリック教会の教義（スコラ哲学）は、「ヨーロッパの封建制度や身分秩序は、そのままでいいです」と保証するものだった。それが聖書に根拠を持たないことがばれて、保証がなくなった。封建領主や貴族はいなくていいし、カトリック教会だってなくていい。市民階級は、自分たちで政府をつくっていい。宗教上の改革（教会の分裂）がだんだん、政治改革（市民革命）、経済改革（資本主義の誕生）、思想改革（自然科学の誕生）に波及していく。

*

朱子学の批判も、同じような結果をまねくのかどうか。

そっくり同じことは、起きない。

キリスト教は、政教分離を原則にしている。教会と国王の権力は別のものだから、カトリック教会を批判しても、すぐに政治の問題にはならない。影響が及ぶとしても、ワンクッションを置いてからである。

ところが朱子学は、政治学（政府をつくる原理そのもの）だから、それを批判すると、もろに政治の問題（反体制の運動）になってしまう。

中国では、だから、朱子学批判は困難だった。朱子学は、科挙と官僚制を根拠づける正統学問として、明でも清でも、中国の統一を支えた。表立って、朱子学を批判することはできなかった。

それなのに日本で、朱子学批判が可能だったのは、朱子学が江戸幕府を支えていたわけではなかったからだ。儒学はあくまでも、中国の話。いくら批判しようと、日本の政治体制はびくともしない。それを日本の話に置き換えるには、国学の助けが必要だった。

つまり、朱子学に対する批判は、ルターのカトリック教会批判とパラレルなのだが、日本の政治・経済・社会に現実的影響を与えるには、国学というかたちに変換される必要があった。ここが、ヨーロッパと異なる、日本の特徴である。

山崎闇斎の役割

国学の話に進むまえに、もうひとりの重要人物、山崎闇斎（1619-1682）を忘れてはいけない。

闇斎は、最初は僧侶で、それから儒学を学び、最後は神官となって垂加《すいか》神道を唱えた、という変わった経歴である（垂加は、闇斎の号）。儒学と国学とを橋渡しする、接着剤の役割を果たした。

＊

朱子学は、モンゴル（元）の侵入で滅亡しかけていた南宋の、抗戦派だった朱子の学説なので、正しい政府とは何かという、正統論に敏感である。

日本の儒学者たちは、朱子学を応用して、自分たちの政府（江戸幕府）が正統であることを証明しようとした。

江戸幕府が正統な政府であることは、ふつう、こういう順番で主張する。

(1) 天皇が、日本の正統な統治者である。

(2) 天皇が徳川家を、将軍（統治者）に任命し、徳川家が幕府を開いた。

(3) ゆえに、江戸幕府は正統な政府である。

要するに、江戸幕府は、天皇の統治権を否定せず、むしろ前提にしている。少なくとも形式的には、武家政権は、律令制（天皇を頂点とする、中国的官僚制）のもとにあるのだ。

これは、江戸幕府に限ったことでなく、鎌倉幕府も室町幕府もそうだった。

そもそも「幕府」とは、“右近衛大将の執務所”という意味。だから将軍は、かならず右大将にも任ぜられてから、幕府を開くことになっていた。(この事実は、法制史の石井良助氏の著書から学んだ。)征夷大将軍は「令外《りようげ》の官」だが、右大将は律令制の正規の官職。江戸幕府は、律令制が機能していないと、存在できないのである。

*

そこで、朱子学の原則を徹底すると、かえって幕府の正統性が怪しくなる。

山崎闇斎は、なぜ天皇が、武士に権力を譲って、幕府を開かせたのかと考えた。朱子学の原則からするなら、統治権者は、徳があるから政治ができる(徳治主義)。政治ができなくなるのは、徳を失った場合だ。そこで、歴史をひもといて、天皇が徳を失った事実を確認していく。

中国では、徳を失った統治者は、殺されたり追い払われたりして、どこの誰だかわからなくなる。でも日本では、統治権を失ったあとも、京都の御所にいて、徳川家を征夷大将軍に任じたり右大将に任じたりしている。それなら、本当に正統な統治者は?　天皇である。江戸幕府ではない。闇斎は、朱子学の原則に忠実に、そう結論した。闇斎学派は、江戸幕府の正統性を否定したのだ。

闇斎学派は、べつに反体制運動を起こそうとしたわけではない。現実とは無関係に、論理的に考えていくとどうなるか、朱子学の原則をつきつめただけだ。でも、論理的可能性とはいえ、江戸幕府を否定する思想がうまれた意義は大きい。

＊

では、論理的可能性として、天皇が（なにかのはずみに）徳を回復したら、どうなるか。統治権を回復する、と考えられる。

大政奉還（Meiji Restoration）のロジックが、用意されたのである。

宣長という人物

これに、国学がどう絡むのか。

闇斎学派は、天皇を、朱子学の枠のなかで考えた。

国学は、朱子学の枠をとり払い、天皇が、儒学が日本に伝わる前から統治権者であることを、証明する。それを証明したのが、宣長だ。

＊

本居宣長（1730-1801）は、松坂（いまの松阪）の没落商人の家に生まれた。若いころ一年ほど商家で働くが続かない。母は医者に向いていると考え、京都で勉強させる。京都では儒学や医学を学んだが、和歌や芸能にもっと熱中した。松坂に戻って開業医となる。そのかたわら、一生、国学の勉強を続けた。

34歳のとき、たまたま松坂を訪れた晩年の賀茂真淵と会うことができ、弟子入りを許される。宣長は、

『古事記』の研究をしたいのですが、と真淵に相談する。真淵は、『万葉集』の研究に時間がかかりすぎ、『古事記』に手が回らなくなっていたので、大いに喜び、後は頼むと宣長を励ました。この「松坂の一夜」のエピソードは、戦前の小学国語の教科書に載っていて、誰もが知っていた。

宣長は、武士でも町人でもない、マージナルなインテリだった。そして、学問にうちこみ、ライフワーク『古事記伝』を完成させる。

*

宣長の原点は、「もののあはれ」である。『源氏物語』を読んだ感動が、「もののあはれ」だ。

『源氏物語』は、日本文学の最高峰。すぐれた作品なのは言うまでもない。宮廷に集まった身分ある女性たちの楽しみのために書かれた恋愛フィクション。仏教や儒教とは、あんまり関係がない。でも中世から近世にかけては、因果応報を説いているとか、仏教などにこじつけた議論がまかり通っていた。『源氏物語』に限らず、和歌の批評も似たようなものだった。

宣長は、そうした議論は余計だと考えた。作品にすなおに向き合い、感動したらそれでよい。文学作品の価値は、文学作品にそなわっている、ひとを感動させる力そのものだ。それが「もののあはれ」。——これはとても、近代的な主張である。

ふるまいの一致

とは言え、紫式部の生きた時代と宣長の時代とは、七百年以上も隔たっている。作品がうまれた当時の感動を、宣長は正しく受け止められるのか。宣長が感動しても、紫式部に「あなたピンボケよ」と言われない保証はあるのか。

*

だから宣長は、和歌を詠んだ。

生涯を通じて1万数千首もの和歌を詠んだという。そんなにうまくない。賀茂真淵好みの万葉集の作風でも、正統的な古今集の作風でもない。技巧に走りすぎと評されることの多い、新古今集あたりを手本としている。真淵に自作の歌を送りつけ、いいかげんにしろと怒られる。《是は新古今のよき歌はおきて、中にわろきをまねんとして、終に後世の連歌よりもわろくなりし也。右の歌ども、一つもおのがとるべきはなし。是を好み給ふならば、万葉の御問も止給へ。かくては万葉は、何の用にもたたぬ事也。》(稿本全集、詠草添削…小林1977：233ページより孫引き)でもやめない。

新古今集は、本歌取りなどの技巧を中心とする。確立した和歌の伝統を、ずっと再生産していこうという精神の産物である。それは、宣長の精神でもある。

*

和歌の感動の本質(もののあはれ)を再生産するには、どうしたらいいか。

和歌を詠み続けるしかない。

「もののあはれ」の「ものの」は意味がないので、

実質は「あはれ」。つまり、感動して「あー」と声を出すこと（ふるまい）だ。その「あー」を、具体的に言葉にすると、和歌になる。桜が咲いたり、雪が降ったり、ひとが恋しくなったり、おいしいものを食べたりするたびに、日本人は「あー」と感動し、歌を詠んできた。それと同じような状況で、同じような和歌を詠むことができれば、それはふるまいの一致である。つまり、万葉の昔、平安の昔の人びとが属したのと同じ「感動のゲーム」のメンバーであることになる。

宣長が和歌を詠んだのは、単なる趣味ではない。それは、はるかな過去の文学作品に内在して、その感動を受け止めるための、不可欠な方法なのだった。

なぜ『古事記』か

儒学は、中国の古い文字テキストを読解する。

国学は、それにならって、日本の古い文字テキストを読解する。

日本の古い文字テキストには、『日本書紀』『古事記』『万葉集』がある。宣長はこのうち『古事記』にねらいをつけた。

宣長が研究するまで、『日本書紀』のほうがずっと重視されていた。なぜ『古事記』だったのか。

＊

『古事記』は、太安萬侶が稗田阿礼の協力をえて、７１２年に完成させたもの。『日本書紀』が中国の正史を意識した漢文体であるのに対し、万葉仮名のような独特の表記を多く用いている。

それは、『古事記』が、無文字時代からの口承伝承を、かなり含んでいるということだ。

*

儒学は、あくまでも文字テキストを対象にする。

伊藤仁斎や荻生徂徠は、テキスト解析の方法論を駆使して、孔子孟子の古いテキストが「当時意味したこと」を復元しようとした。テキストよりもっと前に、どんな社会があったかは、関心の外だった。

それに対して、宣長は、古いテキストを対象にしながら、そのテキストよりも前にどんな社会があったのかを、問題にした。儒学の方法を借りながら、その発想を逆転させた。

そこで、『古事記』を、戦略的に選んだのだ。

「道」論争

儒学者と宣長のこの発想の違いがよくわかるのは、「道」論争である。

儒学者にとって、古いテキスト（古典）は、人びとの行動規範（＝道）を示すものだ。古典があるから、道がある。古典がなければ、道はない。

儒学者からみると、人びとの行動規範を示す古典がなく、文字さえなかった上代の日本は、「道」のない無規範の状態（言うならば、人間以前の状態、夷狄《いてき》みたいなもの）である。

これに対して宣長は、「道のないのが道である」と言う。上代の日本に、道がなかったのではない。中国のようにわざわざ統治者の命令によって、「道」を制定し文字テキストを残さなくても、人びとは自発的に道に従っていた。儒学を必要とした中国にくらべて、必要としなかった日本のほうがすぐれている、と。

《古の大御世には、道といふ言挙もさらになかりき、…其はただ物にゆく道こそ有けれ、…物のことわりあるべきすべ、万の教へごとをしも、何の道くれの道といふことは、異国のさだなり、異国は、天照大御神の御国にあらざるが故に、定まれる主なくして、…人心あしく、…古より国治まりがたくなも有ける、…聖人はまことに善人めきて聞え、又そのつくりおきつる道のさまも、うるはしくよろづにたらひて、めでたくは見ゆめれども、まづ己からその道に背きて、君をほろぼし、国をうばへるものにしあれば、みないつはりにて、まことはよき人にあらず、…故皇国の古は、さる言痛き教も何もなかりしかど、下が下までみだるることなく、天下は穏に治まりて、…実は道あるが故に道てふ言なく、道てふことなけれど、道ありしなりけり、…》(『直毘霊』全集第９巻50頁〜)

＊

「道のないのが道である」とは、非論理にしかみえない。宣長はナンセンスな空論をふり回しているのだろうか。どうしても日本が優位でないと気のすまない狂信的な自民族中心主義者なのだろうか。
そうではない。
宣長の主張を、こう理解すればよい。
第８章の、１次ルールと２次ルールの話を思い出そう。草野球（１次ルールに従うゲーム）は、ルールブック（文字テキスト）を持たなかった。ルールブックのある野球は、文字テキストによってルールに言及しているから、ルールがあることがはっきりする。けれども、文字がなくルールに言及した文字テキストが存在しないからといって、ルールが存在しないわけではないのである。
「道のないのが道である」とは、（無文字社会の日本では）ルールに言及する文字テキスト（道）がないが、にもかかわらず、人びとがルールに従っていた事実（道）がある、という意味だ。
宣長の理解は、合理的で一貫している。宣長は「道がないという道」をどのように復元し実証するかに、全力を傾注する。

漢意とやまとごころ

「道のないのが道である」を、どう証明すればよいのか。
『古事記伝』が、それだ。
『古事記伝』は、『古事記』が、漢字が到来する前の、無文字時代の日本のルールを伝える文字テキストであることを、証明する。

この証明は、逆説的である。どこが逆説的かというと、『古事記』は、文字（漢字）で書かれたテキストなのに、証明したいのは、文字（漢字）が到来する前のことだからだ。

この手品のような証明のキーワードが、漢意（からごころ）／やまとごころ、である。

*

漢意とは、儒学や仏教、すなわち、中国から伝わった知識のシステムをいう。広く考えれば、漢字（中国の文字）とともに伝わった、意味や価値すべてのことである。日本語は、漢文とやまとことばが混じり合った、漢字かな混じり文が基本になった。漢意は日本語の（ということは、日本人の思想と行動の）すみずみにまで、浸透している。

宣長は、漢意を除き去れ、という。

実際問題として、それは無理である。漢字なしに、日本人は、生活することもものを考えることもできない。

宣長が言っているのは、少なくとも『古事記』を読解するのに、漢意を捨象しなさい、ということだ。

たとえば、『古事記』の冒頭「天地初発之時」を、宣長は、

《あめつちのはじめてひらけしとき》

みたいに読む。「天地」も「初発」も漢語らしくみえるが、それは、もともと日本にあった口承伝承の言い方に、意味の近い漢字をあてはめただけなのだ。もと

もとの読み方と意味は、『古事記』の用例全体を調べると、わかる。仁斎や徂徠が用いたのと同じ方法である。

漢字で書かれた『古事記』のテキストに、このような処理をほどこすと、文字以前の口承伝承（無文字テキスト）の層がうかびあがる。こうして漢意を排除する実証的な学問が、宣長のいう「古学 Ancient Studies」である。（後世、国学 Japanese Studies とよばれるようになった。）

原初の共同体

文字（漢字）が伝わる以前にも、日本列島で、人びとは生活していた。そこには、歌や伝承や信仰のほかに、政治をふくむ社会のすべてのルールがそなわっていた。

宣長の『古事記伝』は、文字（漢字）が伝わるより前の時代に、人びとの原初共同体が存在していたことを証明する。『古事記』は、文字が伝わった時代の書物（歴史書）である。そして、それより前の時代に、人びとが社会規範（1次ルール）に従っていたことを記述している。

*

中国で、文字は祭祀や政治と直結していた。文字がうまれると同時に、それは法律（2次ルール）として存在しはじめた。文字は、立法の手段（「道」を存在させるもの）だった。

日本で、文字は外来のものだった。文字が伝わると同時に、それは歌や伝承を書き記し、歴史を記録しはじめた。文字は、記録の手段（1次ルールを記述するもの）だった。

＊

宣長が『古事記伝』で証明したのは、中国から文字が伝わる以前、中国文明の影響が及ぶ以前に、たしかに人びと（＝原日本人）による社会（＝言語ゲーム）が営まれていたことである。

そして、その社会に、もう天皇がいた。

天皇の正統性

ここから、どういう結論が導かれるか。

それは、天皇が、そのころから日本の統治権者であること。それは、伝統的に決まっていたのであって、儒学（朱子学）に関係ないこと。

＊

儒学者は、天皇を、中国の皇帝のようなものだと考える。皇帝は、「人民を統治せよ」と天の命令を受けた人物（天子）で、統治者としての能力（徳）をそなえていなければならない。その能力がない場合、打倒されて別な皇帝（王朝）にとって替わられても、文句は言えない。

皇帝と臣下の関係（君臣関係）は、双方が儒学の原則に従っているかぎりで、成立する。儒学なんかどうでもいいやと思う人びと（民衆や、儒学とはちがった信念や知識の持ち主や）は、皇帝に従わなくてもいいと思うかもしれない。

宣長によると、天皇は、儒学や仏教や、中国文明が日本に伝わる前から、日本の正統な統治者だった。人びとは天皇に従うことを、当然のルールにしていた。天皇に従うことは、日本人の義務なのだ。

歴史的事実はそうでなかったかもしれない。（『三国志魏志倭人伝』によると、当時の日本（倭）は多くの小国に分裂していた。）それは、どうでもよい。宣長の『古事記伝』の証明を納得すると、中国文明の影響が及ぶ以前に、日本に原初の共同体があり、天皇がそれを統治していた、という結論になる。そのことが重要なのだ。

＊

この原初の共同体は、日本人がのこらず属する共同体。あとで近代的なナショナリズムへとふくらんでいく、結晶の核のようなものだ。

なぜか。

それは、この共同体が、政治的でなく、文学的だからだ。

宣長は、漢字かな混じり文で思考し行動する日本人を、中国文化の影響（漢意）から解き放ったらどうなるか、思考実験をした。そこには、やまとごころが残る。やまとごころをもつ人びとのつくる社会は、原初の日本共同体である。万葉集に古事記に源氏物語。日本語の伝統につらなる人びとは、のこらず、宣長の夢想する原初共同体の子孫である。文学の共同体だからこそ、逃れがたく人びとをとらえる、強い政治的効果をもつのだ。

*

　ベネディクト・アンダーソンという学者は、新聞や学校教育や政府の政策などが、想像の共同体として、近代国家をつくりあげる、とのべた。

　想像の共同体がもしもあるのなら、宣長は、新聞でも学校教育でもなしに、自分の学問の方法論だけによって、それをつくりあげた。

*

　天皇を頂点とする、原初共同体。天皇は、江戸幕府とも儒学とも関係ない。このイメージは、人びとの強烈な帰属意識をかきたてた。

　幕末期、尊皇を旗印とする武士たちは、脱藩し、江戸幕府の制度を離れても、天皇を頂点とする“日本”に帰属するのだと信じた。儒学では、なかなかこうはいかない。

天照大神は太陽か

　本居宣長は、科学的な思考をする合理主義者だが、狂信的にもみえる別のかおをもっていたという。上田秋成との「天照大神は太陽か」論争がそうだ。

　宣長は、天照大神は、太陽そのものであると言う。

　上田秋成は、これに嚙みついた。

　そんなバカなことがあるものか。太陽は、客観的な物体（天体）で、日本からも中国からもみえる。日本人がいくら、太陽は天照大神だと考えようと、中国人がそう思うはずはない。天照大神と太陽は、別のものに決まっているではないか。

＊

上田秋成の主張は、筋が通っているように思える。そんな簡単な道理を、宣長は考えなかったのか。

私が思うに、これは宣長が狂信的なのではない。

こういうことだ。

原初日本の共同体では、天照大神は、太陽と同一視されていた。そう考える人びとの言語ゲームの内的視点に立てば、天照大神と太陽とを区別することはできない。それは、われわれが「一万円札」と「お金」とを区別しないし、区別する理由がないのと同じだ。

宣長が言いたかったのは、誰でもある言語ゲームの内的視点に立たざるをえず、立ったからには、そうした同一視（そのゲームに固有の信念）がうまれる、ということだ。

＊

合理的・科学的方法によって、やまとごころ共同体の存在を証明することと、やまとごころ共同体に内属して発言することは、宣長にはひとつのことだった。それは、宣長が「狂信的右翼」という立場をとったことを、決して意味しない。

日本プレ近代思想

闇斎と宣長とがひとつに合わさるとき、尊皇ナショナリズムがうまれる。

天皇を中心とするナショナリズムは、西欧のたどったルート（宗教改革から市民革命へ）とは違った、近代への日本的なルートだ。

*

日本人は、西欧とは異なった歴史（言語ゲームの蓄積）をもっている。

人びとがどんな言語ゲーム（どんな文化・文明）に属するかは、歴史的偶然である。

歴史的偶然の累積のことを、「言語ゲームの歴史的配置」とよんでもよいだろう。

この世界を理解するには、人びとが、またわれわれが、どのような言語ゲームの積み重ねをへてきたのかを、丹念にたどって、現在を再構成する必要がある。それが、他者を理解し、自己を理解し、世界を理解するのに、たったひとつの正当なやり方だ。

日本人（とくに、日本の知識人）は、その努力を怠ってきた。それは、とてもまずい。ヴィトゲンシュタインは、そのことを教えてくれている。

第11章
これからの言語ゲーム

アポロ17号が撮影した地球（NASA）

前期 vs. 後期？

ここまで宿題にしてきたことがある。

『論理哲学論考』（1922）を書いたヴィトゲンシュタインと、言語ゲームを考えぬいたヴィトゲンシュタインとは、どういうつながりがあるのか。

専門家はこれを、「前期」「後期」に分ける。前期の写像理論と、後期の言語ゲームでは、言っているなかみがだいぶ違う。だから、そこに、一貫した考え方がみつからなくてかまわない、という。

けれども、ヴィトゲンシュタインが、言語ゲームをまとめた書物（生前には出なかった『哲学探究』）を『論考』とならべて出版することを考えていたことからすると、そこには、一貫したテーマが流れている、とみたほうがよい。

では、一貫したテーマとはなにか。

「語りうること」

『論考』という書物の成り立ちを、もう一度ふり返ってみよう。

『論考』の最後は、《語りえぬことについては、沈黙しなければならぬ。》でしめくくられていた。

《語りえぬこと》とはなにか。

それを、ヴィトゲンシュタインは、語りたかったのか。語りたかったとすれば、なぜ、語ることを断念した（禁じた）のか。

この問題は、第4章でそれなりに考えたが、ここではその先を、もう少し考えてみる。

＊

順番として、「語りうること」のほうから考えてみよう。

『論考』で、「語りうること」とされるのは、この世界（出来事の集まり）に対応する命題のかずかずである。「このバラは赤い」とか「水は酸素と水素からなる」とか「１７８９年にフランス革命が起こった」とか。病理的なところがなく、正常な命題だ。人びとが日々の生活を生きていくための、具体的な日常の言語。あるいは、物理、化学、生物などの自然科学の言語。歴史的事実などにかかわる言語、などなど。『論考』が描いたのは、そうした命題なら、人間は「語りうる」ということだ。

*

これら「語りうること」を語っているかぎり、人びとは意味のはっきりしたことを話し、交流できる。地球上の人びとは、ひとつの共同体を構成する。

そこからはみ出した「語りえないこと」を語ると、意味のはっきりしないことを話すことになり、交流ができなくなる。地球上の人びとは、いくつものグループに分かれて対立する。

このように『論考』は、言語に「語りうること」という条件をつけて、人類をひとつの共同体につなぎとめたい、とする意図をもっていたのではないか。

『論考』と福音書

『論考』が、第一次世界大戦のさなかに書かれたこと、そして、その間、ヴィトゲンシュタインがトルストイの『要約福音書』を肌身離さずたずさえていたことを、思いだそう。

『論考』には、『要約福音書』のことも、当時の日記に彼がしるしていた「神」のことも、出てこない。

ヴィトゲンシュタインの宗教的信条や神にかかわる

ことは、「語りえぬこと」だと考えられていたのだろうと、いちおう推測できる。

では、『要約福音書』とは、どんな書物なのか。

＊

『要約福音書』は、トルストイがマタイ、マルコ、ルカ、ヨハネの四福音書をひとつにまとめて、イエスの福音と受難の物語（いわば、小説）に、書き直したものである。

ヴィトゲンシュタインは、『要約福音書』のどこに惹かれたのだろう。ふつうの『聖書』ではだめだったのか。（イエス・キリストを通して神の言葉にふれるだけなら、ふつうの『聖書』でよかったはずだ。）

『要約福音書』を読んでみると、奇蹟（イエスが病人を治したとか水の上を歩いたとか）の話がない。イエスの死と復活もカットされている。イエスが十字架で、息絶えたところで終わりである。

奇蹟は、この世界のなかの出来事である。けれどもその源泉は、神である。だから、奇蹟についてのべると、「語りえぬこと」を語ったことになってしまう。『要約福音書』は、『論考』と同じ考え方で、「語りうること」「語りえぬこと」を分けているのだ。

《問題は、……人びとがその教えの説教者（注：イエスのこと）を神とみとめずにいられなかったほど、それほど人々にとって高くも尊くも思われたところの教えの要素がなんであるかを、その完全な純粋さにお

いて理解する一事にある。》(『要約福音書』序文)

イエスは神の子であってもなくてもよいが、その教えが神からのものとしか信じられないのはなぜか、ぜひ知りたい、とトルストイは言っている。

*

そこで『要約福音書』が強調するのが、霊のはたらきである。

霊は、さまざまな意味をもつ。

創世記で霊は、神の息吹のことであり、生命の根源である。土からつくられたアダムは、神に息を吹き入れられ、生命をえて動きだした。神の創造のわざである。神は人間に、「生めよ、増えよ」と命じた。アダムとイブの子孫は、新しく生命をえるたびに、そこに神の創造のわざ(霊)がはたらいている。その霊は神から出たもので、人間一人ひとりが、神の霊を受け、神を父としている。

新約聖書には、聖霊のはたらきがしるされている。聖霊は弟子たちに現れ、パウロを霊感で満たし、神の言葉をしるさせた。(のちにキリスト教は、こうした聖書の全体を、父と子と聖霊の「三位一体」として理解した。)

『要約福音書』は、このうち、神から出て人間のうちにはたらく霊を、重視する。

*

人間は肉として存在するが、霊として生かされている。人間が霊に目覚め、神とともに生きるなら、永遠の命をうる。イエスが生きたように、イエスが教えたように、われわれも生きよう。——これが、トルストイの『要約福音書』のメッセージだ。

信仰告白を語らない

ヴィトゲンシュタインは、トルストイの『要約福音書』に大いに共感していた。しかしそれを、「語りえぬこと」とした。

なぜか。

それは、霊のはたらきが目に見えないからだ。

霊のはたらきは、日々生きるなかで、感じることである。霊が神から出ているのなら、霊を語る命題は、この世界のなかに対応する出来事をもたない。神は、世界を創造した（神それ自身は創造されない）のだから、神はこの世界の＜外＞にある。その神に由来する霊も、この世界の＜外＞にある。

世界の＜外＞にある神や霊について語るとすれば、それは信仰告白になる。ニケーア信条やアタナシウス信条のように。そしてそれは、この世界を生きるすべての人びとにあてはまるものではなくなる。この世界を、異端とされたアリウス派として生きることも可能だし、ユダヤ人や、ムスリムとして生きることも可能だ。信仰告白は、証明も反証もできないドグマだ。それは、人びとを分裂させる。

＊

ヴィトゲンシュタインが『論考』で、「語りえぬこと」としたのは、人びとがこの世界を生きていくのになくてはならない、意味や価値だった。それを言葉でのべたとたんに、人びとは分裂し対立しはじめると、ヴィトゲンシュタインは直感したのだろう。だから彼は、「語りえぬこと」と「語りうること」のあいだに線をひき、垣根をこしらえた。

「語りえぬこと」にも、いろいろ種類がある。ナンセンスはむろん、語ってはならない。けれども、彼がいちばん「語りえぬこと」だと思っていたのは、この世界の意味や価値についてだったと思う。

*

意味や価値をすっきり体系化したものを、世界観という。

彼が生まれたウィーンは、さまざまな民族、文化がごたまぜになっていた。ゲルマンにスラブ。カトリック、プロテスタントに、ユダヤ人。こうした多様性が許容されなくなれば、少数グループは危険な状態におちいる。

第一次世界大戦の結果、オーストリア・ハンガリー帝国はばらばらに解体した。そして、多くの民族国家が生まれた。

ヨーロッパが一体であることを象徴した神聖ローマ帝国の、残りかすだったこの帝国がなくなると、入れ替わりに、ヒトラーの第三帝国が登場する。(神聖ローマ帝国、ドイツ帝国をつぐものなので、第三帝国というらしい。）第三帝国は、多様性を認めない。人びとにナチスの世界観を押しつけ、世界をその世界観のとおりに手荒につくり直そうとする。

ヴィトゲンシュタインが、「語りえぬこと」を語るな、と『論考』でのべたのは、世界観を語ることがどれほど危険か、予感したからである。オーストリア・ハンガリー帝国にも、ユダヤ人迫害の底流がうねっていた。戦争の悪夢がもういちど繰り返された第二次世界大戦では、ナチズムや共産主義のイデオロギーが牙をむいた。父と子と聖霊の「三位一体」を認めないユダヤ人は、排除され、虐殺された。そんなことがあってはならないという叫びと祈りが、『論考』にはこめられていた。

言語ゲームはすべてを語る

言語ゲームに、「語りうること」「語りえぬこと」の区別はない。

どうしてか。

それは、ヴィトゲンシュタインが、言語の本来のはたらき（命題が世界のなかの出来事を指示し、意味するはたらき）を、人びとが自分の信じる意味や価値について語る場合と、区別しなくなったからだ。

言語ゲームは、あらゆる言葉の用法を含む。どんな意味や価値も、そうした言語の用法によって可能になっているのだ。

＊

第6章でみたように、「机」という言葉が机を指示できるために、人びとのふるまいの一致、すなわち言語ゲームが必要だった。『論考』で「語りうること」とされていた、言語のふつうの用法も、無条件でなく条件つきで、成り立つものとなった。

写像理論と、言語ゲームの違いはどこか。

写像理論は、「言語と世界は対応している」と、最初から想定する。誰がなんと言おうと、言語と世界は無条件に対応しているのだ。

それに対して、言語ゲームの場合、言葉が世界を指示して意味をもつことができるのは、人びとがそのようにふるまうから。人びとがどうふるまうかは、事情による。したがって、言葉が意味をもつかどうか（意味をもったとして、どういう意味をもつか）も、事情による。つまり、無条件ではなく、条件つきである。

＊

『論考』では、言語はそれ自体で存在するかのように考えられていた。

言語ゲームの考え方では、言葉が意味をもつのも、人びとが意味や価値を信じるのも、言語ゲームのはたらきである。言語はそれ自体で存在するのではなく、言語ゲームとともにある。「語りうること」も「語りえぬこと」も、言語ゲームに支えられている。すなわち、言語ゲーム一元論である。

＊

こうしてヴィトゲンシュタインは、価値や意味を、

「語りえぬこと」として排除しなくてよくなった。

人びとは現にこれまで、「語りえぬこと」を語ってきたではないか。それが歴史であり、文明だ。ある人びとはキリスト教を、別な人びとはユダヤ教やイスラム教を、信じてきた。それは、すべての人びとに受け入れられる意味や価値ではないが、多くの人びとがそこに加わった。言語ゲームとはそうしたもので、それをあるがままに受け止めることは、合理的・科学的な態度であろう。

*

人びとが、めいめいの、価値や意味を大事にして生きる自由を保証すること。でも、そのことによって、差別や衝突や戦争が起こらないようにすること。一人ひとりの自由な生き方と、人類全体の平和と安全が、両立すること。——ヴィトゲンシュタインの、このささやかな願い（ヒトラーの悪意によって無残に踏みにじられた願い）は、「言語ゲームはどうすれば互いに両立可能か」というテーマに、置き換わった。

冷戦とは何だったか

言語ゲームのいちばんすぐれたところは、人びとが価値や意味を信じるとはどういうことか、具体的な出来事（人びとのふるまい）におきかえることができることだ。そして、この世界を生きる人びとが、自分をみつめるのに不可欠な補助線を与えてくれる。

どういうことか？

いまの時代を考えると、それがはっきりする。

*

２０世紀の後半、世界は「冷戦」の時代だった。

冷戦（Cold War）は、ほんとうなら戦争するはずの大国同士が、戦争一歩手前の状態で、にらみあうことである。

なぜ戦争にならないかと言えば、核兵器（原爆や水爆）ができたから。

世界は２つの陣営に分かれていた。かたや自由主義（資本主義）、かたやマルクス主義（共産主義）。互いに、相手の陣営が世界から早く消えてしまえばいいのに、と思っていた。でも、戦争はできない。それがおよそ、半世紀近くも続いた。

*

マルクス主義では、階級闘争が基本である。だから学問も、階級闘争を反映する。そこで、経済学や哲学や歴史学を中心に、法学も文化芸術も…、労働者（プロレタリア）の側か、資本家（ブルジョワジー）の側か、どちらかに立つとされる。人びとがなにを考えるかは、政治（階級闘争）の問題、すなわちイデオロギーなのだ。

いっぽう、自由主義は、もともとイデオロギーではない。政治は政治、経済は経済、…で勝手にやれば、という考えだ。でも、冷戦で共産主義とにらみあっているうちに、だんだん相手と似てきてしまった。その結果、「自由、民主主義、資本主義、…」が、世界に広めるべき普遍的価値であると、アメリカは固く信じるようになった。

＊

マルクス主義か、そうでなければ、自由主義。冷戦の時代に、中立はありえない。どんなアイデアも、どんな作品も、どんな発言も、そういう「政治的」文脈で受け取られてしまう。人びとも、そういう文脈を当然と考える。どんな知識や学問も、大きな「世界観」の一部、という扱いを受けるのだ。

こういう現象を「大きな物語」という。

大きな物語の終わり

１９８９年にベルリンの壁が崩れ、１９９１年にソ連が解体して、冷戦が終わった。

思想の世界では、それよりも前から、マルクス主義はもうだめじゃないのか、という議論が主流になっていた。冷戦の崩壊を先読みした、ポストモダン思想である。ラカン、フーコー、ドゥルーズ、ガタリ、デリダ、…。(ルーマンも入れてもいいかもしれない。)

そして、彼らの弟子やそのまた弟子たち。いま書店で本を買えば、大部分がこの、ポストモダンの流れで書かれていると思ってまちがいない。

＊

ポストモダン思想は、「大きな物語は終わった」と宣言する。

もう、かつてのマルクス主義のように、いまのこの自由主義世界（資本主義経済）にとって代わる、まったく新しいプランを示すことはできない。自由で豊かな資本主義が、冷戦を勝ち残った。社会主義国には、問題点がいっぱいあった。だから、解体した。世界はひとつになった。

でも、とポストモダン思想は続ける。これは、いわば不戦勝だ。社会主義・マルクス主義が自滅しただけで、資本主義にも問題が大ありだ。だいたい、資本主義経済は、労働者にやさしくない。環境にもやさしくない。金儲け万能である点が気にくわない。もっと人びとの多様性を尊重し、差別のない社会がありうると思う、と。

*

これは、健全な考え方だと思う。

自由主義世界（資本主義経済）には、批判すべきところがたくさんある。

それを批判するのは、よいことだ。

ただ、ともすると、ポストモダン思想は、どん詰まりの袋小路に入り込んでしまう。どういうことか。

ポストモダンの行き止まり

「大きな物語が終わった」と主張すると、どうなるだろう。

この世界（自由主義世界、資本主義経済）に、いやおうなしに閉じ込められている、という感覚になる。

冷戦の時代、世界観（イデオロギー）が対立していた時代には、この世界の「外」があった。資本主義がだめなら、社会主義。「もうひとつの考え方」で目の前の「敵」と戦えばよかった。

それができなくなった。

「外」がなくなる。「敵」がいなくなる。そうすると、自分で「外」をこしらえ、自分で「敵」をみつける（自分で自分を敵にする＝自己を否定する）という芸当をやらないといけない。

これは、どんな感じの作業だろう。

＊

例として、ポストモダンそのものではないが、少し関係のある、エコロジーを考えてみよう。

自然を破壊する資本主義、産業文明はよくない。自然を大事にしよう。そう思って、田舎に帰り、豊かな自然に囲まれた手作りの生活をする。

自然との共生を徹底すれば、狩猟採集生活である。原始時代に戻るということだ。

ふつうはそこまでやらないで、自然のまんなかで、それらしく生活する。電気や水道や、自動車もあるだろう。クーラーやインターネットだってあるかもしれない。

そういう生活は、ひとり当たりに直すと、都会生活よりも資源の消費量が大きい。かえって自然に負荷をかける。「自然と共生している」雰囲気と、実際に共生できていることとは、別のことなのだ。それぐらいならむしろ、大都市に密集して暮らしたほうが、資源の節約になり、自然にやさしい。

カントは、よさそうな考えがあった場合、それを人類全員が採用してうまくいくか思考実験してみることを勧めている。自然に親しむ生活は、限られた少数の人びとにしか、可能でない。全員がそんな生活をするのは無理。エコロジー的生活は、カントの規準をパスしない考え方だ。それでいいのだと開き直れば、エリート主義（残りの連中は正しいやり方を理解できないのだから仕方がない）になる。

*

資本主義には、問題点もある。でも、その産業文明(工業力）なしに、地球上にこんなに多く（もうすぐ７０億？）の人口を養うことはできない。産業文明を否定するのは、その人口の大部分に、「あなたたちは消えて（＝死んで）ください」と言うに等しい。

この事実と、しっかり向き合わない思想は、ろくな思想でない。

*

エコロジー的生活は、自然のなかに抜け出そうとした。ポストモダン思想は、空想のなかに抜け出そうとする。

コミットしない

ポストモダン思想は、「大きな物語」がなくなったことが、残念で仕方がない。自分自身は、自由主義世界（資本主義経済）に属しているけれども、そこから抜け出せるといいなあと空想する。(その意味で、ポストモダン思想は、隠れマルクス主義、隠れ左翼である。)

でも、どうやって抜け出す?

いろんなやり方がある。たとえば、この社会のモデルをつくる。システムになる。システムを調べてみると、自己言及している。自己産出(オートポイエーシス)している。それなら、システムがこのようであることは、とくに(自分自身にしか)根拠がない。つまり、それは、偶然の産物だ。自分がそれにとらわれることもないのである。

*

偶然うまれたにすぎない自由主義、資本主義経済、アメリカの覇権が、世界に行き渡っている。グローバリズムとよばれる。それには、正当性(正しい理由)がない。だから、反対しよう。すると、アンチ・グローバリズムになる。

アンチ・グローバリズムは、実は、グローバリズムの双子である。インターネットでよびかけ、世界中から飛行機で駆けつけ、国際会議を妨害する。自分が反対する相手と、そっくりである。

*

それはともかく、ポストモダン思想の特徴は、いま現にあるこの社会に、コミットしない(できない)ことである。

責任をとらない(とれない)、と言ってもいい。

サルトルはかつて、「飢えた子を前に、文学は何ができるか」とのべた。おそらく、文学ががんばる→革命（的な変化）が起きる→社会が変わる→飢えた子がいなくなる、という順序を考えていたのだろう。

ポストモダンは、「飢えた子がいるのは、資本主義がわるい」である。資本主義がわるいと指摘する、ポストモダン思想はわるくない。でも、飢えた子はあいかわらず、飢えている。

＊

批判は大事だ。でも、現状が１ミリも動かないような批判は、現状維持でなにがわるいと居直る保守的な態度と、ちっとも変わりがない。

ポストモダン思想は、ともすると、こうなってしまう傾向がある。

批判のやり方がどれだけ、目新しいか。批判のやり方が、どれだけ洗練されているか。批判のやり方が、どれだけ仲間うちで注目を集めたか。批判がファッションになったので、ポストモダン思想は、消費社会に受け入れられた。批判をしているというスタイル（見かけ）が、大事になった。「現代思想」という囲いのなかに、閉じ込められてしまった。

相対主義

「大きな物語が終わった」ので、「革命」も考えられなくなった。

＊

革命は、ポーカーでいうと、手札の「全取っ替え」のようなものである。配られた手札があんまりひどければ、全取っ替えをして、うんと上の手をねらう。まあまあの手札なら、何枚かを入れ換えて、ちょっと上の手をねらう。全取っ替え（革命）は、リスクが大きい。でも、現状があまりにひどくて、明確な代替プランがあって、ほかに方法がない場合は、合理的な選択肢だ。

革命はいま、説得力がなくなった。現状がそんなにひどいわけでもないし、明確な代替プランもないからだ。代わりのやり方は、現状を、しんぼう強く少しずつでも変えていくことである。かっこう悪い。さっそうとしてもいない。ファッションとはほど遠い。けれどもこれが、現在、まっとうなたったひとつのやり方だと思う。

そんなまだるっこしいことはいやだという、せっかちな態度を、革命的ロマン主義という。ポストモダン思想は、革命のプランをなくした、革命的ロマン主義である。

*

革命のプランがないので、ポストモダン思想は、価値相対主義になる。

自由主義世界（資本主義経済）の一員なのに、積極的にそれを支えるわけでもない。かと言って、正面から代替プランを掲げる、革命家（反体制）でもない。そこで、「あれもだめならこれもだめ（あれもこれも似たようなもの)」の相対主義になるのである。

相対主義は、思想として成り立つのか。

相対主義を徹底するなら、どんな立場も、認めなければならない。すると、「絶対主義者のオレの言うことを聞け、相対主義なんか認めないゾ、相対主義者なんかみな殺しだ!」と主張する絶対主義者(ヒトラーみたいな思想)が出てきたら、それも認めないといけない。その結果、殺されても文句は言えない。

おめおめと殺される、そんな間抜けな人間がいるだろうか。ヒトラーみたいな絶対主義者を取り締まる、政府が必要になる。そして、みなでその政府を支え、その政府の保護を求めるのは、正常なことだ。ヴィトゲンシュタインだって、そうするに決まっている。

このやり方は、「言論・思想は自由である、だからそれを否定する行為は、実力で取り締まる」という思想、つまり自由主義である。(自由主義は、絶対主義の一種である。)自由主義がなければ、相対主義だって存在できないのだ。

言論・思想の自由を保障しているのが、近代国家である。とすれば、国家は「想像の共同体」だとか「権力は規律訓練の産物だ」とか言って、よろこんでいる場合ではない。(そうした指摘は、正しいかもしれないにしても。)

(ちなみに、相対主義と非暴力主義とは違う。非暴力主義は、「暴力はどんなことがあっても認めない」とし、そのために命を捨てることも辞さない、絶対主義のひとつである。）

普遍思想はゲームである

ポストモダン思想の主張でもっともなのは、普遍的だとされている近代の価値（たとえば、自由とか、人権とか、平等とか、愛とか、…）は、どれも「制度」（ある時代のある文化的伝統を背景にしたもの）にすぎない、という部分だ。

言語ゲームの考え方でも、結論はこれと同じだ。

では、どこが違うのか。

＊

言語ゲームの考え方だと、「どんな言語ゲームも、外的視点からながめることができ、その外に出ることができる」（相対主義の主張）は、かならずもうひとつの、「人間は人間であるためにかならずどれかの言語ゲームに属しているはずだから、すべての言語ゲームの外に出ることなど不可能である」（絶対主義の主張）とペアになっている。後者は、懐疑論に対する戦い（たとえば「確実性について」）のなかで、ヴィトゲンシュタインがはっきりさせたことだった。

つまり、言語ゲームの考え方は、価値相対主義でない。ヴィトゲンシュタインはけっして相対主義者（懐疑論者）ではなかった。ポストモダン思想は、世界の半分だけしかみていない。

＊

では、言語ゲームの考え方から、いまの世界をみるとどうみえるか。

世界は、西欧キリスト教文明を土台に、近代という段階にさしかかった。

西欧キリスト教文明が、土台にならなければならない理由はなかった。それは、「歴史的偶然」である。

でも、西欧近代は、哲学や科学や産業文明を擁し、世界のほかの地域にどんどん拡がっている。

西欧近代の内的視点に立つなら、近代は普遍的である。（普遍的とは、特定の時間や場所にかかわらず、人類すべてにとって成立する、という性質をいう。）いっぽう、外的視点に立つなら、近代は制度である。

文明の衝突？

西欧キリスト教文明は、新大陸に転移して、アメリカとなった。アメリカは、豊かな資源を背景に経済を発展させ、覇権国となった。新大陸は、移民の国なので、伝統にしばられる度合いが少ない。そのため、西欧近代の価値（自由と民主主義）が、とりわけ普遍的なものと信じられている。

これに対して、旧大陸は、伝統文化のしがらみが強く残って、人びとの大きなグループに分かれている。西欧／中東イスラム／ロシア／インド／中国／…、といったグループだ。これらは互いに、簡単にひとつになったりしない。

＊

S・ハンティントンの『文明の衝突』が、ひところ評判になった。ソ連が崩壊し冷戦が終わった国際社会では、イデオロギーの代わりに、宗教や価値観の違いが大きな対立軸になる。アメリカに挑戦するのは、イスラム諸国ではないか。「イスラム－チャイナ・コネクション」（イスラム圏と中国が手を結んで、アメリカの覇権に挑戦する？）というシナリオもあって、冷戦が終わって失業しかかっていたＣＩＡや国防総省の人びとから大歓迎されたのだった。

ハンティントンの指摘で正しいのは、人びとのあいだに残る伝統社会の宗教や価値観は、そう簡単になくならないという点だ。国際社会の将来をうらなう場合に、それは大事な補助線になる。でも、それがただちに「文明の衝突」（軍事対立）になると考えるのは、乱暴だ。

言語ゲームは両立するか

同じことを、言語ゲームの考え方でみると、どうなるか。

西欧／イスラム／インド／中国／…といった、それぞれの伝統社会（文明圏）は、過去から続いてきた、さまざま特殊な言語ゲームのかたまりだ。多くの言語ゲームが複雑に積み重なっている。グローバル化が進むと、互いに（主に経済や科学技術をとおして）ますます緊密に結びつくようになるが、それでも、もとものかたちを残している。

この、なかなか変わらない部分を、アメリカからみると、普遍的価値を受け付けない頑固さにみえる。でもそれは、誤解である。新大陸で、近代の言語ゲームが純粋培養されたことのほうが、例外である。旧大陸の文明は、変わるのに時間がかかるのだ。

*

異なった歴史と伝統をもち、異なった価値や意味を支える人びとが、この同じ地球上に生きている。そして、共存の道をさぐっている。

共存は可能か。異なるグループの異なる価値観が、衝突するとすればどういう場合か。その原因をどう理解し、どう調整し、どう解決すればいいか。

地球上に生きるすべての人びとが、平和にまた豊かに生きていける、その条件はなにか。そして、そのためにいま、何をすればよいのか。……。

そうした現代の課題を考えるのに役立つのが、言語ゲームである。

*

まずやるべきなのは、異なった伝統、異なった文明に属する人びとがどうやって生きているか、そのアウトラインを記述することである。

言語ゲームは、人びとのふるまいの一致である。その背後には、ルールがある。ルールを記述し、ルールとルールの関係（ゲームとゲームの関係）を記述していく。（仏教や、日本の儒学・国学について、どう記述すればよいか、やり方のサンプルを本書で示しておいた。）

つぎにやるべきなのは、異なった伝統、異なった文明に属する人びとの従うゲームのルールを、互いに比較することである。そして、矛盾や衝突がないか、調べることである。

あるゲーム（たとえば、民主主義）が、ある文明から別の文明に（たとえば、アメリカから日本に）移植されると、もともとは違った性質をもつことがある。それはなぜかも、解明しなければならない。

そのつぎにやるべきなのは、それらをよりよくつくり変えていく提案をすることだ。そして、実際に、人びとが新しい（前よりもちょっとだけ違った）ゲームを生きはじめることだ。

そうやって、世界がいくぶんか生きやすくなったなら、言語ゲームの考え方が人びとの役に立ったことになる。

相対主義を超えて

言語ゲームの考え方は、さまざまな伝統社会や文明を見比べるのだが、それは、価値相対主義とは違う。

価値相対主義は、「この伝統社会も、あの文明も、同じように価値があるんですね。よかったですね、はいさようなら」で、問題を解決しない。自分がどこに属するのかも気にしない。責任もとらない。

言語ゲームの考え方は、「すべてが言語ゲームである」が出発点である。だからまず、自分がどんな言語ゲームに属しているか、から確かめはじめる。そのルールを記述するのに、外的視点をとる。（でも、もとの言語ゲームからすっかり抜け出るわけではない。）そのうえで、自分が属するほかの言語ゲームや、自分が属さないほかの言語ゲームについて、考えていく。

＊

どんな言語ゲームにも、その価値と意味がそなわっている。

自分が属する言語ゲームの価値と意味を、ないがしろにはできない。それは自分にとって、大事な価値、大切な意味だ。（たとえば、現代の日本社会を生きる人びとにとって、自由やお金は大切だ。）

でも。

どんな価値も、また意味も、永遠、不変のものでない。それは、人びとの「ふるまいの一致」によって、支えられているだけである。そして、「ふるまいの一致」は、なにものによっても支えられていない、からだ。

ふるまいが一致するのは、ルール（規則）による。

でも、ふるまいが一致するかどうかは、事実の問題である。（人びとがサッカーをやるのは、そのルールに従うから。でも、人びとがサッカーをいつまでも続けるとは限らない。）

ゆえに。どんな言語ゲームからも、いつかは抜け出すことができる。どんな言語ゲームも、だんだん別の言語ゲームに変えていくことができる。（これは、困った社会の現状でも、根気よく向きあえば、いつか道は開ける、と希望をもってよいということだ。自分の属するどの言語ゲームからもいっぺんに抜け出すことは、もちろん、できない相談だけれど。)

*

言語ゲームは、こんなふうに、人びとが特定の意味や価値を大事にして生きている現実を、そっくりそのまま表すモデルとなってくれる。

この世界にあるさまざまな意味や価値(を大事にして生きる人びと)の相互関係を、考える場合の、もっとも科学的・合理的なモデルを提供してくれる。

意味と価値の科学へ

意味や価値は、目にみえない。しかし、人間が生きるために必要なものだ。

自然科学は、意味や価値を扱わない。意味も価値もモノではないから。自然科学はモノしか研究しないのである。

では、意味や価値は、どうやって研究すればいいのか。

*

ヴィトゲンシュタインは、意味や価値のうまれる土台、言語ゲームを発見した。そして、意味や価値を、言語ゲームがうみだすものとして、記述し研究する道をひらいた。

言語ゲームは、人びとの「ふるまい」である。ふるまいは、観察できる。ふるまいは、「できごと」である。できごとであれば、それは明確な対象で、実証的に研究できる。これは、コロンブスの卵のようで、言われてみれば簡単だが、思いつくのは並みたいていでなかった。

意味や価値を、言語ゲームを通じて研究すること。これは、ヴィトゲンシュタインがわれわれに残してくれた、最大の贈り物である。

それがどんなにすばらしい贈り物か、私は日々、驚きを新たにしている。本書は、そのほんの入り口を示したにすぎない。言語ゲームの考え方のほんとうの射程は、まだまだ、これから明らかになっていくに違いない。

*

言語ゲームは、これまで提案されたなかで、人間をその本質においてとらえる、もっともシンプルで、エレガントな試みである。

本書の読者のなかから、言語ゲームを使ってもっとユニークな試みをする誰かが現れることを、期待しよう。

ブックガイド

ヴィトゲンシュタインの著作

『ウィトゲンシュタイン全集』(全10巻)、大修館書店、1975－1978

・第１巻『論理哲学論考』『草稿1914－1916』ほか
・第２巻『哲学的考察』
・第３巻『哲学的文法１』
・第４巻『哲学的文法２』
・第５巻『ウィトゲンシュタインとウィーン学団』
・第６巻『青色本』『茶色本』ほか
・第７巻『数学の基礎』
・第８巻『哲学探究』
・第９巻『確実性の問題』『断片』
・第１０巻『講義集』

『ウィトゲンシュタイン全集』(補巻１、２)、大修館書店

・補巻１『心理学の哲学１』1985
・補巻２『心理学の哲学２』1988

1922 *Tractatus Logico-Philosophicus*, Routledge & Kegan Paul
1922『論理哲学論考』法政大学出版局、藤本隆志訳、1968
1922『論理哲学論考』岩波文庫、野矢茂樹訳、2003
イルゼ・ゾマヴィラ 1997『ウィトゲンシュタイン哲学宗教日記 1930－1932/1936－1937』講談社、鬼界彰夫訳、2005
Anscombe, G.E.M. 1953,1958 *Philosophical Investigations* Second Edition, Basil Blackwell
Ludwig Wittgenstein Werkeausgabe in 8 Bänden, Suhrkamp Verlag, 1984

・『論考』は野矢訳の岩波文庫がよい。全集第１巻は草稿も読めるのでよい。『探究』は全集第８巻に入っている。アンスコム編の『探究』は英独対照版が便利。

ヴィトゲンシュタインの伝記
ノーマン・マルコム 1958『回想のヴィトゲンシュタイン』法政大学出版局、藤本隆志訳、1970
ノーマン・マルコム 1958『ウィトゲンシュタイン　天才哲学者の思い出』講談社現代新書、板坂元訳1974　→平凡社1998
（以上の2冊は、同じ本の翻訳。前者は、ラッセルの回想が付録についている。）
バートリー 1973『ウィトゲンシュタインと同性愛』未來社、1990
グレーリング 1988『ウィトゲンシュタイン』講談社選書メチエ、1994
ブライアン・マクギネス 1988『ウィトゲンシュタイン評伝』法政大学出版局、1994
モンク 1990『ウィトゲンシュタイン１』みすず書房、岡田雅勝訳、1994
モンク 1990『ウィトゲンシュタイン２』みすず書房、岡田雅勝訳、1994
・伝記のなかでは、モンクがいちばん充実している。

ヴィトゲンシュタインの読解
ピーター・ウィンチ 1958『社会科学の理念　ウィトゲンシュタイン哲学と社会研究』新曜社、1977
黒崎宏 1980『ウィトゲンシュタインの生涯と哲学』勁草書房
藤本隆志 1981『ウィトゲンシュタイン』講談社（講談社学術文庫として再刊）
奥雅博 1982『ウィトゲンシュタインの夢』勁草書房
橋爪大三郎 1985『言語ゲームと社会理論　ヴィトゲンシュタイン・ハート・ルーマン』勁草書房
山本信・黒崎宏編 1987『ウィトゲンシュタイン小事典』大修館書店
黒崎宏 1994『ウィトゲンシュタイン『哲学的探究』第１部・読解』産業図書

黒崎宏 1995『ウィトゲンシュタイン『哲学的探究』第2部・読解』産業図書
永井均 1995『ウィトゲンシュタイン入門』ちくま新書
野家啓一編 1999『ウィトゲンシュタインの知88』新書館
野矢茂樹 2002『ウィトゲンシュタイン『論理哲学論考』を読む』哲学書房　→ちくま学芸文庫、2006
鬼界彰夫 2003『ウィトゲンシュタインはこう考えた　哲学的思考の全軌跡 1912－1951』講談社現代新書

第１章　ヴィトゲンシュタインのウィーン

ジャニク＆トゥールミン 1973『ウィトゲンシュタインのウィーン』TBSブリタニカ、1978　→平凡社、2001
ヒトラー 1925−26『わが闘争』角川文庫（上）（下）、1973
ウィリアム・シャイラー 1960『第三帝国の興亡（全５巻）』東京創元社、2008−9

第２章　数学の基礎

『アリストテレス全集』岩波書店
・第１巻　カテゴリー論、命題論、分析論前書、分析論後書、1993
・第２巻　トピカ、詭弁論駁論、1993
『フレーゲ著作集』勁草書房
・＜１＞概念記法、1999
・＜３＞算術の基本法則、2000
『岩波数学入門辞典』岩波書店、2005
彌永昌吉・小平邦彦『現代数学概説１　現代数学１』岩波書店、1961
C・リード 1970『ヒルベルト　現代数学の巨峰』岩波書店、1972

第３章　ケンブリッジの日々

渡部昇一 1974『ドイツ参謀本部』中公新書　→ 祥伝社、2002
片岡徹也編著 2002『戦略論大系・モルトケ』芙蓉書房出版
オットー・ワイニンガー 1903『性と性格』地方・小出版流通セ

ンター、1980
レーニン 1916『帝国主義』岩波文庫、1956

第４章 『論理哲学論考』

トルストイ 1883『要約福音書』（トルストイ全集14）河出書房新社、中村白葉・中村融訳、1973
『聖書』（新共同訳・引照付）日本聖書協会、1993

第５章 放浪の果てに

J・L・オースティン 1962『言語と行為』大修館書店、1978

第６章 言語ゲーム

橋爪大三郎 2003『「心」はあるのか』ちくま新書
ハンナ・アレント 1951『全体主義の起原１～３』みすず書房、1972–74
川崎修 1998『アレント』講談社 → 2005 新版

第７章 ルール懐疑主義

ソール・A・クリプキ 1982『ウィトゲンシュタインのパラドックス 規則・私的言語・他人の心』産業図書、黒崎宏訳、1983

第８章 １次ルールと２次ルール

H・L・A・ハート 1961『法の概念』みすず書房、1976
橋爪大三郎 1986『仏教の言説戦略』勁草書房
橋爪大三郎 2003『人間にとって法とはなにか』PHP新書

第９章 覚りの言語ゲーム

長井真琴 1929『巴・漢・和対訳 戒律の根本（比丘波羅提木叉）』→国書刊行会、1975
平川彰 1964『原始仏教の研究』春秋社 →『平川彰著作集』第11巻、第12巻、春秋社、2000
橋爪大三郎 2001『世界がわかる宗教社会学入門』→ちくま文庫、2006

ベケット 1952『ゴドーを待ちながら』白水社、1956 → 2008 新版

第10章　本居宣長の言語ゲーム

『本居宣長全集』(全20巻別巻 2)、筑摩書房、1968－
石井良助 1982『天皇　天皇の生成および不親政の伝統』山川出版社
カタログ『21世紀の本居宣長』朝日新聞社、2004
村岡典嗣 1928『本居宣長』岩波書店　→東洋文庫・平凡社 (2 冊本)、2006
小林秀雄 1977『本居宣長』新潮社　→新潮文庫 (上下 2 冊) 1982
橋本治 2007『小林秀雄の恵み』新潮社
ベネディクト・アンダーソン 1983『想像の共同体』リブロポート、1987

第11章　これからの言語ゲーム

ハンチントン 1998『文明の衝突』集英社、1998
浅田彰 1983『構造と力』勁草書房
柄谷行人 2001『トランスクリティーク』批評空間
竹田青嗣 2001『言語的思考へ』径書房
橋爪大三郎 2008『「炭素会計」入門』洋泉社新書

あとがき

ヴィトゲンシュタインは、どこか「星の王子さま」のようだなあと、この本を書いているあいだ、ずっと思っていた。

ラッセルは、「きみは、飛行機乗りになってはいかん！」と言った。もしもそう言わなかったら、ヴィトゲンシュタインは、飛行機乗りになっていたのだろうか。そして、サン・テグジュペリのように、ドイツ軍と戦いながら、アルジェリアあたりの砂漠の空を飛び回っていたのだろうか。

言語ゲームは、エイリアンの哲学だと言った。

星の王子さまは、ほかの星からやってきた、エイリアンである。だが、純粋で、透明なガラスのように繊細で、どんな人間よりも人間らしい。

星の王子さまは、バラ（「このバラは赤い」のバラかもしれない）やキツネと対話する。キツネは、個別の存在と普遍性についてのべる（ラッセルのようなキツネだ）。

ヴィトゲンシュタインにも、同じように繊細なところがあった。そして、あんまり単純で、根本的で、誰もが見過ごすような問いを、一生問いつづけたのだった。

こういう純粋な人間とつきあうのは、むずかしい。

それだけの純度を、こちらも保たないといけない。

そんなこと、できるわけがない。

だからこの本は、書かなければと思っても、なかなか書けなかったのだ。

＊

結局この本は、編集部に依頼を受けてから、完成まで２０年かかった。

講談社現代新書の前作、『はじめての構造主義』が１９８８年。当時、私はほとんど無名で、新書の依頼があったのも半信半疑だった。

でも、私の心配をよそに、そこそこ売れ、「こんどは『はじめての言語ゲーム』をお願いします」と言われたのだ。

＊

似たような本を、すぐ出すわけにはいかない。

しばらく時間をおいた。

気がついたら、何年も経っていた。

で、東京工業大学（私の勤務先）で、言語ゲームを講義した。９０分×１３回の、学部4年生向けの授業である。

予習ができるように、配布原稿をつくった。新書一冊分以上の長さになった。それに手を入れればいい。そう思って安心し、また何年も経った。

＊

しびれを切らした編集部が、「現代新書2000冊突破の記念フェアにあわせてぜひ」、と頼みにきた。大昔の依頼を、忘れない。ありがたいことだ。

そこで少し、書いてみた。書いてみると、もとの原稿は使えないことがわかった。結局、まるごと一冊書き直した。

新書は、量が限られている。なにを書くかは、なにを書かないかでもある。だいじなことをひとつ書くたびに、どうでもいいことがいっぱいクズ籠行きになった。読んでワクワクする、という仕上がりになっているだろうか。いまは、演奏会で子どもの出番を待つ親のように、心配している。

＊

２０年のあいだに、編集部のみなさんも代替わりした。初代は、『はじめての構造主義』の担当だった川崎敦子さん。つぎは、雑誌『現代』でもお世話になった上田哲之さん。それをバトンタッチしたのが、岡本浩睦さん。プラス、新人の能川佳子さんにも、資料集めなどでお世話になった。

担当の岡本浩睦さんは、忍耐づよく原稿の仕上がりを待ち、すばやく的確な判断で編集にまつわる作業をこなしてくれて、とても助かった。そのかげで、上田哲之さんの応援があったことは間違いない。川崎敦子さんも、本書の完成を喜んでくれているという。長年の恩返しができたようで、ほっとしている。

＊

ヴィトゲンシュタイン・ハウスの模型をつくってくれた乗藤紘吏君に感謝。草稿に目を通してアドバイスをくれた桜井進さん、劉国翰さん、中路陽子さんに感謝。そして、授業に参加し、さまざまな質問やアイデアをよせてくれた東京工業大学の学生諸君に感謝します。

（2009.6.20）

講談社現代新書　2004

はじめての言語《げんご》ゲーム

2009年7月20日第1刷発行　2023年12月22日第8刷発行

著　者　橋爪大三郎　

発行者　髙橋明男

発行所　株式会社講談社

東京都文京区音羽二丁目12-21　郵便番号112-8001

電　話　03-5395-3521 編集（現代新書）

03-5395-4415 販売

03-5395-3615 業務

装幀者　中島英樹

印刷所　株式会社ＫＰＳプロダクツ

製本所　株式会社ＫＰＳプロダクツ

本文データ制作　DNPメディア・アート

定価はカバーに表示してあります　Printed in Japan

N.D.C.110　270p　18cm
ISBN978-4-06-288004-6

「講談社現代新書」の刊行にあたって

教養は万人が身をもって養い創造すべきものであって、一部の専門家の占有物として、ただ一方的に人々の手もとに配布され伝達されうるものではありません。

しかし、不幸にしてわが国の現状では、教養の重要な養いとなるべき書物は、ほとんど講壇からの天下りや単なる解説に終始し、知識技術を真剣に希求する青少年・学生・一般民衆の根本的な疑問や興味は、けっして十分に答えられ、解きほぐされ、手引きされることがありません。万人の内奥から発した真正の教養への芽ばえが、こうして放置され、むなしく滅びさる運命にゆだねられているのです。

このことは、中・高校だけで教育をおわる人々の成長をはばんでいるだけでなく、大学に進んだり、インテリと目されたりする人々の精神力の健康さえもむしばみ、わが国の文化の実質をまことに脆弱なものにしています。単なる博識以上の根強い思索力・判断力、および確かな技術にささえられた教養を必要とする日本の将来にとって、これは真剣に憂慮されなければならない事態であるといわなければなりません。

わたしたちの「講談社現代新書」は、この事態の克服を意図して計画されたものです。これによってわたしたちは、講壇からの天下りでもなく、単なる解説書でもない、もっぱら万人の魂に生ずる初発的かつ根本的な問題をとらえ、掘り起こし、手引きし、しかも最新の知識への展望を万人に確立させる書物を、新しく世の中に送り出したいと念願しています。

わたしたちは、創業以来民衆を対象とする啓蒙の仕事に専心してきた講談社にとって、これこそもっともふさわしい課題であり、伝統ある出版社としての義務でもあると考えているのです。

一九六四年四月　野間省一